Die Übersetzung dieses Werkes wurde vom Goethe-Institut gefördert aus Mitteln des Auswärtigen Amtes.

دُعمت ترجمة نصوص الكتاب هذا من قبل معهد غوته بتمويل من وزارة الخارجية الألمانية.

Lektorat /التدقيق اللغوي: Youssef Hijazi / Douraid Rahhal

© 2010 Verlag das Wunderhorn, Rohrbacher Straße 18,
D-69115 Heidelberg, www.wunderhorn.de

© 2010 Arab Institute for Research and Publishing,
P.O. Box 5460-11, Beirut/Libanon, www.airpbooks.com

المؤسسة العربية للدراسات والنشر:
الصنائع – شارع ليون – بناية عيد بن سالم
بيروت – لبنان

© für die einzelnen Texte siehe Anhang / انظر الملحق للنصوص المنفردة
© für die Übersetzungen bei den Autorinnen und Autoren / للترجمات عند الكاتبات والكتاب
Alle Rechte vorbehalten / كل الحقوق محفوظة
Gestaltung /تصميم: Holger Stüting, allstars *** design, Berlin
Druck /طباعة: Fuldaer Verlagsanstalt, Fulda
Herstellung /انتاج: Cyan, Heidelberg
Umschlagabbildung: Ibrahim Busaad / لوحة الغلاف للفنان البحريني ابراهيم بوسعد
ISBN 9783884233467 (Deutschland)
ISBN 9789953363749 (Libanon)

Leichte Abweichungen zwischen Gehörtem und Geschriebenem liegen in den Nachbereitungen der Übersetzungen begründet.

في حال وجود اختلاف بين المسموع والمقروء يعود ذلك الى ان العمل على الترجمة كان مستمرا.

VERSschmuggel
Eine Karawane der Poesie

تهريب ابيات الشعر — قافلة الشعر

Ron Winkler   Mohamad Al-Harthy
Tom Schulz   Mohammad Al-Nabhan
Nora Bossong   Nujoom Al-Ghanem
Sylvia Geist   Mohammad Al-Domaini
Gerhard Falkner   Ali Al-Sharqawi

محمد الحارثي   رون فينكلر
محمد النبهان   توم شولتس
نجوم الغانم   نورا بوسونغ
محمد الدميني   سيلفيا غايست
علي الشرقاوي   جيرهارد فالكنر

Herausgegeben von
Aurélie Maurin / Douraid Rahhal

إشراف:
دريد رحال / اوغالي موران

Wunderhorn / Arab Institute for Research and Publishing
المؤسسة العربية للدراسات والنشر / فندير هورن

Inhalt / الفهرس

| Buch / CD1 / الكتاب | | Seite / الصفحة | Track |

Vorwort / مقدمة 9

Nujoom Al-Ghanem / Nora Bossong

نورا بوسونغ / نجوم الغانم

Nujoom Al-Ghanem
ضللت نفسي	Selbstbetrug	20	2
ماتتركه لنا الوحدة	Was die Einsamkeit uns lässt	22	3
ساكن المدى	Bewohner der Weite	24	4
في جنة المساء	Paradiesischer Abend	26	5

Nora Bossong
Standort	مكان	28	7
Reglose Jagd	صيد ساكن	30	8
Leichtes Gefieder	ريش خفيف	32	9
Geweihe	قرون الأيل	34	10

Inhalt / الفهرس

Buch / CD1 / الكتاب   **Seite /**   **Track**
                                                                  الصفحة

Ali Al-Sharqawi / Gerhard Falkner
جيرهارد فالكنر / علي الشرقاوي

Ali Al-Sharqawi

		Seite	Track
ما لا يتفهرس	Das Unfassliche	40	12
ربما موجة من كلام القنديل	Wellen von Worten wachsen lassen	42	13
ولادة الطريق	Geburt des Weges	44	14
نائمة هي السفينة	Altes Schiff	46	15
الازرق	Das Blau	48	16
تحولات	Metamorphosen	50	17
خارج الازمنة	Entrücktheit	52	18
في الصمت الصاخب	In der lärmenden/ brausenden Stille	54	19

Gerhard Falkner

entwurf einer demolation	مسودة تخريب	56	21
sieben geliebte	سبع عشيقات	62	22

Inhalt / الفهرس

| Buch / CD2 / الكتاب | | Seite / الصفحة | Track |

Mohammad Al-Domaini / Sylvia Geist

سليفيا غايست / محمد الدميني

Mohammad Al-Domaini
أيام لم يدخرها أحد	Tage, die keiner aufhob	68	2
شمس مسنّة	Alte Sonne	72	3
سيرة	Lebenslauf	74	4

Sylvia Geist
Spin	نسجّ	76	6
Manara	المنارة	78	7
Iridium	إريديوم	80	8

Mohamad Al-Harthy / Ron Winkler

رون فينكلر / محمد الحارثي

Mohamad Al-Harthy
اعتذار للفجر	entschuldige dich beim frühlicht	88	10
الحانة المقترحة على حافة الصحراء	worte des besitzers des am rande…	90	11
لعبة لا تمل	das spiel, das nicht langweilig wird	92	12

Ron Winkler
Gizeh mon amour	الجيزة يا حبي	94	14
Geweiharchiv	ارشيف القرون	96	15
Fotomahlzeiten	وجبات مصورة فوتوغرافيا	98	

Inhalt / الفهرس

Buch / CD2 / الكتاب   **Seite /**   **Track**
                                                    الصقحة

Mohammad Al-Nabhan / Tom Schulz

توم شولتس / محمد النبهان

Mohammad Al-Nabhan

جرس في الحائط	Eine Klingel an der Wand	104	17
بلا اطار	Das Bild, ungerahmt	106	18
تحب التي هي وهم	Du liebst die, die vor den Spiegeln…	108	19

Tom Schulz

Paare am Fenster	أزوج على النافذة	112	21
Beschreibung vollkommener Schönheit	وصف الجمال الكامل	116	22
Vergänglichkeit der Schönheit	فناء الجمال	118	23

Biografien   السير   123

Herausgeber   الناشر   135

Vorwort / مقدمة

Vorwort

VERSschmuggel 2009:
Zwischen Dichtern aus Deutschland und den Staaten der Golfregion

Was kommt heraus, wenn ein Dichter und sein genauester Gutachter, ein anderer Dichter, aufeinandertreffen? In der Regel ein Gespräch über Dichtung. Wenn die Dichter jeweils eine andere Sprache sprechen, wird das Gespräch Möglichkeiten des Übersetzens und Publizierens in der anderen Sprache mit einschließen. Sprechen sie häufiger miteinander, begründet sich nicht selten eine Freundschaft, die, da sie ein großes gemeinsames Thema zur Voraussetzung hat, womöglich ein Leben lang hält.
Poesie ist eine der ältesten Künste der Menschheit und, seit über 5000 Jahren immer wieder neu, auch Spiegel von Zeit und Kultur.
Wer könnte besser beurteilen, was ein gutes Gedicht und was eine gute Übersetzung ist, als Dichter selbst?
Fünf arabischsprachige Poetinnen und Poeten – aus Bahrain, Dubai, Kuweit, Oman und Saudi-Arabien - reisen im November 2009 nach Berlin, um auf fünf ihrer deutschsprachigen Kolleginnen und Kollegen zu treffen.
In einer mehrtägigen Übersetzungswerkstatt arbeiteten die Dichter und Dichterinnen in Zweiergruppen auf der Grundlage von Interlinearübersetzungen und mithilfe von je einem Dolmetscher an der poetischen Neufassung ihrer Gedichte in der jeweils anderen Sprache.
Dieses Verfahren ist aufwendig, aber optimal für Dichtung, weil der Dichter auch sein eigener Übersetzer ist und mithilft, dass bei der Transformation der komplexen Textstruktur »Gedicht« in den Koordinaten von Klang und Rhythmus in der Zielsprache wieder ein gutes Gedicht entsteht. Alle Dichter haben in diesem guten Sinn geschmuggelt.
Mit dieser zweisprachigen Anthologie mit Gedichten von zehn Dichterinnen und Dichtern nehmen zwei Sprachräume, die seit langer Zeit ohne Dialog waren, erstmals wieder poetischen Kontakt auf. Zwei Audio-CDs dokumentieren die öffentlichen Lesungen in Berlin am Ende des Übersetzerworkshops und versetzen den Rezipienten in die Lage, auch den Stimmen der Dichter zu lauschen, die ja Instrument ihrer Dichtung sind. Der Band bringt zusammen, was Dichtkunst heute medial braucht: gehört werden, gelesen werden - und verstanden werden zu können.
Die Methodik des Versschmuggels ist in der Literaturwerkstatt Berlin entwickelt worden. Der vorliegende Band verdankt sein Zustandekommen aber

Vorwort

تهريب الشعر 2009:
بين شعراء من ألمانيا ودول الخليج

ما هي نتيجة لقاء شاعر بأدق العارفين بعمله، أقصد بشاعر آخر؟ النتيجةُ تكون عادةً تبادل الحديث عن الشعر. وإذا كان الشعراء يتكلمون لغاتٍ مختلفةً سوف يتضمن الحديث فرص الترجمة والنشر بلغة الآخر. أما إذا تكررت اللقاءات والأحاديث بينهما فغالبًا ما تتأسس صداقة بينهما قد تستمر مدى الحياة لأن شرطها موضوعٌ كبيرٌ مشتركٌ بينهما.

الشعر من أقدم الفنون التي عرفتها البشرية، وهو أيضًا مرآةٌ متجددةٌ للزمن وللحضارة منذ أكثر من خمسة آلاف عام. لكن من ذا الذي يستطيع أن يحكم على جودة الشعر وعلى جودة الترجمة أكثر من الشاعر نفسه؟

خمس شاعرات وشعراء من البحرين ودبي والكويت وعُمان والعربية السعودية حضروا في تشرين الثاني/نوفمبر 2009 إلى برلين ليلتقوا بخمس زميلات وزملاء لهم ألمانا.

عمل الشعراء والشاعرات لعدة أيام في مجموعات مكونة من شاعرين ضمن ورشةٍ للترجمة. وعلى أساس ترجمات حرفية أُعدَّت مسبقًا اشتغل كلُّ شاعر وبمساعدة مترجم على صياغة شعرية جديدة لقصائد زميله. طريقة العمل هذه مركبة ومجهدة لكنها مثالية للشعر، لأن الشاعر نفسَه هو مترجمُ نفسه، كما يساعد هو في صياغة قصيدةٍ جيدةٍ لدى تراكيب النص المعقدة أي القصيدة إلى إحداثياتٍ من جرس وإيقاع في اللغة التي يُترجم إليها. ولهذا الغرض الحميد قام جميع الشعراء بالتهريب.

بهذه المجموعة الشعرية التي تتضمن قصائد لعشر شاعرات وشعراء يجدّد عالمان ناطقان بلغتين مختلفتين اللقاء الشعري بينهما بعد أن انقطع الحوار لوقتٍ طويل. كما يوجد قرصان مدمجان CD سمعيان يحتويان على توثيق للأمسيات الأدبية العامة التي جرت في برلين بُعيدَ ورشة الترجمة من شأنهما أن يمكننا المتلقي من سَماع أصوات الشعراء. أوليس الصوت من أدواتهم الشعرية؟ كما يجمع هذا الديوان كلُّ ما يحتاجه فن الشعر اليوم على صعيد الإعلام: أن يُسمع، وأن يقرأ، أن يُفهم.

تم تطوير منهجية تهريب أبيات الشعر في "ورشة الأدب برلين". ولم يشاهد هذا الديوان الذي بين أيديكم النور لولا فضل شاعر كبير ألا وهو قاسم حداد الذي أشكره بحرارة على كل الجهود التي بذلها في هذا المشروع.

ولا يسعني إلا أن أتوجه بالشكر إلى كل اللذين ساعدوا على إنجاز هذا التبادل الشعري الألماني العربي، وبالطبع أشكر في المقام الأول شريكتنا وزارة الثقافة والإعلام البحرينية، وكذلك وزارة الخارجية الألمانية، ومعهد غوته، والسفارة الألمانية في البحرين، ودار النشر في ألمانيا ولبنان.

Vorwort

einem großen Dichter: Qassim Haddad, dem ich sehr herzlich Dank sage für all seine Energie, die er in dieses Projekt gegeben hat.

Dank sagen möchte ich allen Menschen, die mitgeholfen haben, dass dieser arabisch-deutsche Dichtungsaustausch zustande gekommen ist. An erster Stelle natürlich unserem Partner, dem Kulturministerium Bahrain, aber nicht minder dem deutschen Auswärtigen Amt, dem Goethe Institut, der Deutschen Botschaft Bahrain, den beiden Verlagshäusern in Deutschland und im Libanon.

Ich wünsche allen beteiligten Dichterinnen und Dichtern viel Erfolg, dem Band ein großes Publikum im deutschsprachigen und arabischsprachigen Raum und uns, den Lesern und Hörern, viel Spaß beim Genießen dieser poetischen Schmuggelware. Mögen weitere Verse, die immer auch Kennenlernen bedeuten, geschmuggelt werden und verlässliche Brückenbauer zwischen unseren Kulturen sein!

Berlin, Februar 2010

Dr. Thomas Wohlfahrt
Leiter der Literaturwerkstatt Berlin

Vorwort

أتمنى لجميع الشاعرات والشعراء المشاركين نجاحًا باهرًا، وللديوان أن يصل إلى جمهور واسع في العالم الناطق بالألمانية و العالم الناطق بالعربية، كما أتمنى لنا نحن القراء والمستمعين الاستمتاع لدى تذوق هذه البضاعة الشعرية المهربة. ويا ليت تهريب الشعر يستمر، كوسيلة للتعرف على الآخر أيضًا، مشيدًا جسورًا موثوقة بين ثقافاتنا!

برلين، شباط/فبراير 2010

د. توماس فولفارت
مدير ورشة الأدب برلين

Vorwort

Die Lyrik ist eine Brücke des kulturellen Dialogs

Immer wenn wir ein neues kulturelles Fenster zur Welt öffnen, haben wir das Gefühl, der kulturelle Balkon Bahrains sei weiträumiger und lebendiger geworden. Dies erhoffen wir uns auch, wenn wir die deutsch-arabische Karawane der Poesie auf ihrer zweiten Etappe bei uns begrüßen werden, nachdem sie ihren ersten Workshop aufgrund der hervorragenden Initiative der Literaturwerkstatt Berlin abgehalten hatte.
Bahrain war im Laufe der Geschichte und ist bis heute ein offener Raum für viele menschliche Erfahrungen auf den Gebieten von Kunst und Kultur. Heute setzt es seine kulturellen Bemühungen fort, um ernsthaft dazu beizutragen, den universellen Dialog mithilfe der Kultur auszubauen und zu vertiefen. Für den Bau von Brücken zwischen Kulturen und Völkern gibt es kaum einen ehrlicheren Makler als die Kultur. Im Vergleich zu den Fehlschlägen, die so oft bei den traditionellen Formen der Kommunikation wie etwa Politik oder Wirtschaft auftreten, bleibt die Kultur die glaubwürdigere, schönere und effektivere Form, wenn es im Reden und Handeln um menschliche Kommunikation und Verständigung zwischen den Völkern geht.
Wenn wir in Bahrain nun die an dem Projekt »VERSschmuggel – eine Karawane der Poesie« teilnehmenden Dichter willkommen heißen, nachdem der erste Teil des Projekts im vergangenen Jahr in Form eines »Übersetzungsworkshops« in Berlin unter Beteiligung deutscher und arabischer Dichter stattgefunden hatte, dann fügen wir damit unseren kulturellen Arbeitsprogrammen und Visionen eine ganz spezifische, kreative Qualität hinzu, indem wir ein produktives Klima für den herzlichen Dialog zwischen den Dichtern schaffen, die gemeinsam den Horizont des Guten, des Schönen und des Dialogs anstreben und die traditionellen Grenzen überwinden, die den menschlichen Wunsch, zu kommunizieren, einschränken.
Dieses Buch ermöglicht es uns, die Ergebnisse der gemeinsamen Erfahrungen auf dem Gebiet der Lyrik-Übersetzung kennenzulernen, welche Dichter aus Deutschland und aus der Golfregion gemeinsam unternommen haben.
Wir danken allen teilnehmenden Dichtern und Übersetzern sowie den Freunden von der Literaturwerkstatt Berlin für ihren engagierten Beitrag zur Verwirklichung dieses schönen Projekts.

Mayy bint Muhammad Al Khalifa
Ministerin für Kultur und Information, Königreich Bahrain

Vorwort

الشعر جسر الحوار الثقافي

كلما فتحنا نافذة ثقافية جديدة على العالم، خالجنا شعورٌ بأن شرفة البحرين الحضارية تزداد رحابة وحيوية. وهذا ما نؤمله ونحن نستقبل قافلة الشعر الألمانية العربية في مرحلتها الثانية. بعد أن عقدت ورشتها الأولى بمبادرة ممتازة من (ورشة الأدب في برلين).

لقد كانت البحرين ولا تزال الفضاء المفتوح على الكثير من التجارب الإنسانية في حقول الثقافة والفنون عبر التاريخ، وهي الآن تواصل سعيها الحضاري للإسهام الجاد في تعميق وتكريس الحوار الكوني من خلال الثقافة، فليس مثل الثقافة وسيطاً صادقاً لبناء الجسور بين الثقافات والشعوب. فقياساً للإخفاقات التي غالبا ما تحدث في وسائل الاتصال التقليدية مثل السياسة والاقتصاد وغيرهما، تبقى الثقافة هي الأكثر مصداقية وجمالاً وفعالية، حين يدور الكلام والعمل في الاتصال والتفاهم الإنساني بين الشعوب.

والبحرين إذ ترحب بالشعراء المشاركين في "قافلة تهريب الشعر"، بعد أن أنجزت الجزء الأول من مشروع "ورشة الترجمة" في برلين العام الفائت، بمشاركة شعراء ألمان وعرب، فنحن نضيف لمسة إبداعية نوعية على برامج عملنا ورؤيتنا الثقافية، محققين مناخاً فعالا للحوار الحميم بين شعراء يسعون مجتمعين إلى أفق الخير والجمال والحوار، متجاوزين التخوم التقليدية التي تحجب الرغبة الإنسانية في الاتصال.

وفي هذا الكتاب سيتاح لنا التعرف على معطيات التجربة المشتركة في حقل ترجمة الشعر التي أنجزها معاً شعراء من ألمانيا ومن منطقة الخليج.
شاكرين لجميع الشعراء والمترجمين المشاركين، والأصدقاء في (ورشة الأدب في برلين) إسهامهم الجاد في تحقيق هذا المشروع الجميل.

مي بنت محمد الخليفة
وزيرة الثقافة والإعلام
مملكة البحرين

Vorwort

Danksagung

Die Anthologie „VERSschmuggel – eine Karawane der Poesie" wurde möglich dank der Unterstützung durch das Auswärtige Amt und das Kulturministerium Bahrain.
Der Übersetzungsworkshop wurde gefördert durch das Auswärtige Amt. Wir danken dem Goethe Institut Golfregion und der Deutschen Botschaft in Bahrain für die freundliche Unterstützung während des gesamten Projektverlaufs.

Die Herausgeber möchten sich sehr herzlich bei allen Dolmetschern und Interlinearübersetzern* bedanken, die das gemeinsame Arbeiten der Dichter und die Kommunikation untereinander ermöglichten. Ebenso danken wir allen, die beratend oder unmittelbar an der Realisierung dieses Projekt mitgewirkt haben, insbesondere Michael Roes und Qassim Haddad für die Moderation der beiden Lesungen, Michael Mechner für die Tonaufnahmen sowie Günter Fischer und Laura Trio für ihre wertvolle Mitwirkung bei der Durchführung des VERSschmuggel-Projektes. Christiane Lange danken wir für die stets kooperative Führung in der ersten Phase des Projekts.

Unser besonderer Dank geht an den Kurator des Projekts, den Dichter Qassim Haddad (Bahrain), der sich über seine Kuratorentätigkeit hinaus kontinuierlich als Mittler zwischen Deutschland und der Golfregion engagiert hat.

Außerdem danken wir der Kulturministerin von Bahrain, Mayy bin Muhammad Al Khalifa, und dem Leiter der Literaturwerkstatt Berlin, Thomas Wohlfahrt, die die Durchführung des gesamten Projekts in Berlin und in der Golfregion erst ermöglicht haben.

Den Verlegern Manfred Metzner (Verlag das Wunderhorn) und Maher Kayyali (Arab Institute for Research and Publishing) sei für die gute Zusammenarbeit gedankt.

* Die Interlinearübersetzungen wurden angefertigt von Leila Chammaa, Ahmed Farouk, Youssef Hijazi, Achmed Khammas, Günther Orth und Barbara Winckler.
Die Dolmetscher waren Nicola Abbas, Leila Chammaa, Youssef Hijazi, Gert Himmler und Günther Orth.

Vorwort

كلمة شكر

تحققت المجموعة الشعرية "تهريب أبيات الشعر ــ قافلة الشعر" بفضل الدعم الذي قدمته وزارة الخارجية الألمانية ووزارة الإعلام والثقافة البحرينية. ومن هنا نتوجه بالشكر العميق للوزارتين. كما تحققت ورشة عمل الترجمة بدورها بدعم من وزارة الخارجية الألمانية. ونوجه بالشكر لمعهد غوته في منطقة الخليج وإلى السفارة الألمانية في البحرين على الدعم الذي قدماه على مدار مسار المشروع.

ونتوجه نحن المشرفون بشكرنا الجزيل إلى جميعَ المترجمين الذين رافقوا الشعراء في ورشة الترجمة وجميع المترجمين* الذين وضعوا الترجمة الإعدادية التي سهلت تعاون الشعراء والتواصل فيما بينهم. كما نتوجه بالشكر إلى جميع من ساعدوا على إنجاز هذا المشروع أكان ذلك من خلال تقديم المشورة أو العمل المباشر، ونخص بالذكر ميشائيل روز وقاسم حداد على إدارة الأمسيات الشعرية، وميشائيل ميشنير على التسجيلات الصوتية وكذلك غونتر فيشر ولاورا تريو على مساعدتهما القيمة أثناء تنفيذ مشروع تهريب أبيات الشعر. ونشكر كريستيانة لانغي على إدارتها وتعاونها الدائمين أثناء المرحلة الأولى من المشروع.

كما نتوجه بالشكر الخاص إلى القيِّم العام على المشروع الشاعر قاسم حداد (البحرين)، الذي قام إضافة إلى ذلك بدور الوسيط بين ألمانيا ومنطقة الخليج.

علاوة على ذلك نعبر عن امتناننا إلى معالي وزيرة الإعلام والثقافة البحرينية مي بن محمد آل خليفة، وإلى مدير "ورشة الأدب برلين" توماس فولفارت، فلولا جهودهما لما تحقق مجمل المشروع في برلين ومنطقة الخليج.

الناشر منفرد ميتسنر (دار فوندرهورن للنشر) والاستاذ ماهر الكيالي (المؤسسة العربية للدراسات والنشر) لهما منا جزيل الشكر على حُسن تعاونهما.

* أعد الترجمة الكتابية الإعدادية كلُّ من المترجمين ليلى شماع , وأحمد فاروق، ويوسف فهمي حجازي، وأحمد خماس، وغونتر أورت، وبربارا فينكلر.
وقام بالترجمة أثناء ورشة العمل كلُّ من المترجمين نيكولا عباس، وليلى شماع، ويوسف فهمي حجازي، وغيرت هيملر، وغونتر أورت.

Nujoom Al-Ghanem / Nora Bossong   نجوم الغانم / نورا بوسونغ

ضلّلْتُ نفْسي

ضلّلْتُ نفسي بالنومِ ثانيةً
مُصلّيةً أن يعودَ الطائرُ لينقُرَ نافذتي
أو يدنوَ منَ الشُرفة مشاغباً هذا الصباحَ .
الطائرُ الذي كان يرافقُ شتاءاتِنا
ويعرفُ في أيةِ ساعةٍ يُطلقُ صوتَهُ
لينبِئَنا بمجيئه .
(هل تتذكرُ الطائرَ ذا المنقارِ الشاهقِ ؟)
انتَظرتُ أن تمتَدَ يدٌ لتحركَ صمتَ الغرفةِ
فطالتِ الأزمنةُ ،
احترقَتْ أطرافُ اليومِ بأولِ لسعةٍ من
بردِ الليلِ القادمِ على عجلٍ .
يومٌ آخرُ يذهبُ
السريرُ خالٍ ،
والأسطحُ ممتلئةٌ برمالِ عاصفةِ النّهارِ .
الطائرُ الذي يعرفُنا لا يريدُ الاقترابَ
منْ أشجارنا،
والصمتُ كذلك
لا أظنُهُ سيتزحزحُ من مكانِهِ.

Nujoom Al-Ghanem / Nora Bossong

Selbstbetrug

Beim Einschlafen habe ich mich von Neuem betrogen,
gehofft, der Vogel möge wieder an mein Fenster klopfen,
den Balkon anfliegen, den friedlichen Morgen aufschrecken.
Der Vogel, der in jedem Winter[1] bei uns war,
schon zwitscherte,
ehe er uns erreichte.
(Erinnerst du dich an den gereckten Schnabel?)
Die Zeit regt sich kaum, während ich auf eine Geste warte,
die alle Stille aus dem Zimmer schiebt.
Plötzlich ist die Nacht angebrochen, und das Tagesende
hat sich an ihrer beißenden Kälte verbrannt.
Wieder ist ein Tag um,
das Bett leer
und die Dächer sind versandet vom Sturm.
Unser Vogel will nicht mehr
in unseren Bäumen landen,
und dann dieses Schweigen.
Ich fürchte, dass es sich einnisten wird.

---

1   Milde Jahreszeit, mit dem mitteleuropäischen Frühling vergleichbar

Nujoom Al-Ghanem

ما تتركه لنا الوحدة

أغمض عيني
لتأمل حافة أجفاني
واحتفاء رنات الضوء السكرانة
في مطر المساء.
الدهاليز تُحكم عتمتها
لكن الأصوات ما زالت ترتجف
في برد الطرقات.
أغمض عيني
لأمعن الإنصات
لصفير الريح البعيدة
وهي تدفع عجلاتها فوق الإسفلت
أو تكنس شعر الأشجار.
المدينة برمتها تستحم
في الأغبرة والأمواه
قلبي يتطوح بين الأسوار
وعيناي ثابتتان خلف أجفانهما
على أمل أن يطرق الباب
كائن ما
أن يرن الهاتف
أو أن يصيح
منبه البريد الإلكتروني.
عيناي مغمضتان
وأظنني سأنام
قبل أن يتذكرني أحد.

Nujoom Al-Ghanem / Nora Bossong

Was die Einsamkeit uns lässt

Ich schließe meine Augen
um meinen Lidrand zu betrachten
und die Feier der betrunkenen Töne
die aus dem Abendlicht regnen.
Die Flure schwärzen ihre Dunkelheit nach
aber die Geräusche zittern weiter
in den kalten Straßen.
Ich schließe meine Augen
um schärfer zu hören
wie der Wind von ferne pfeift
seine Räder über den Asphalt scheucht
oder das Haar der Bäume sträubt.
Die Stadt badet gänzlich
im versandeten Regen.
Mein Herz irrt in den Gassen umher
doch meine Augen verharren hinter den Lidern.
Könnte nur jemand, wenigstens etwas
an die Tür klopfen
oder das Telefon klingeln
träfe eine E-Mail schrillend ein.
Meine Augen sind geschlossen
und ich lege mich hin für eine Weile
bis sich jemand an mich erinnert.

Nujoom Al-Ghanem

ساكنُ المدى

إنه يوم آخر
يوم لأكاذيب المعزين
وغمزات النساء خلف الأحجبة
يوم لمكائد الريح التي تتظاهر بالسكينة
وحين نوصد نوافذنا ترشقنا بالرمل.

إنه يوم لتهكم الشجيرات في الحديقة،
ولهذا الصباح الشتائي الذي جرّدنا
من قمصاننا على غفلة.

وإنه يوم لك أنتَ أيضا
تستلذ بموتك في هدأة الملوك
تاركا ايانا نتلظى في الكارثة.

Nujoom Al-Ghanem / Nora Bossong

Bewohner der Weite

für meinen Vater, der plötzlich ging

Dieser Tag ist anders, es ist
ein Tag für die Lügen der Kondolierenden,
für das Kichern hinter den Schleiern,
ein Tag für die Tricks des Windes, der sich ruhig stellt,
aber Sand nach uns wirft, sobald wir die Fenster schließen.
Es ist ein Tag für den Spott der Sträucher
und für den Wintermorgen, der an unseren Kleidern reißt.
Es ist auch ein Tag für dich,
du ergötzt dich mit königlicher Ruhe an deinem Tod
und lässt uns in unserem Unglück allein.

في جَنَّة الْمَساء

الذوَاباتُ ترتَعشُ فوقَ طاولتَي
وكأنها ترعى سَهَرَ جنازةٍ،
الأصواتُ الخافتةُ
تنهمرُ فوق قميصِ المساءِ مُوشِكةً
أن تُغمِدَ أنباءَها في الليل،
الليلُ يبيضُ كعينَيْ أعمى
وبصيرتي تتأمَّلُ العابرينَ
يتهاذون في خُطُواتِهم
نَحْوَ الموتِ.

يا للهول

سقطَ الكثيرونَ منَ القلبِ
وها يسقطُ الباقون.

Nujoom Al-Ghanem / Nora Bossong

Paradiesischer Abend

Auf meinem Tisch flackern Kerzen,
als hielte ich bei einem Toten Wache.
Schwache Stimmen fließen in den Abend,
der um mich weht, vertuschen
ihre Sätze vor mir im Dunkeln.
Der Morgen blendet auf, der Blick eines Blinden,
und Menschen ziehen
an meinem Innern vorbei,
sie wanken auf ihr Ende zu.
Grausam,
so viele schon habe ich fallen gelassen,
und da also fallen die Letzten.

Nora Bossong

Standort

Wir leben in einer Stadt ohne Fluss, es gibt
Grenzen hier nur aus Wind
oder Regenschauern. Meine Schwester
ängstigt das nachts, doch es lässt sich
in unserem Haus nicht weinen, vielleicht
hülfe es ihr, vielleicht brächte es sie
um den Verstand. Es ist frostig
in ihrer Stimme. Ließen sich Entfernungen
ohne Fluss beschreiben, wären zum wenigsten
die Ahnungen haltbar: Niemand
nähert sich unserem Haus, und die Eltern
haben wir lang nicht gesehen.
Doch es gibt keinen Halt, diese Stadt ist
wie ein Schneerest im März. Nur der Wind,
der den Regen in seine Form treibt,
deutet ein Ortsende an. Unser Haus bleibt
von Eis bedeckt und verschwunden.

Nora Bossong / Nujoom Al-Ghanem

مكان

نعيش في مدينة بلا نهر
حدودها الريح والأمطار
هذا يخيف شقيقتي ليلا
لكن المرء لا يمكنه البكاء في بيتنا
قد يُريحها النحيب
وربما أفقدها صوابها
صوتها يجمد
لو أمكن تقدير المسافات دون تصور النهر
لكان ممكنا التشبث بالوهم:
لا أحد يقترب من بيتنا
أبوانا لم نرهما منذ زمن
لا شيء نتشبث به في هذه المدينة
الشبيهة ببقايا ثلوج آذار
الريح تعبث بالمطر لتمنحه شكلا
يوحي بحدود المكان
بيتنا يظل مغطىً بالجليد ومختفيا.

Nora Bossong

Reglose Jagd

Die Ställe hangabwärts, es heißt, den Hasen
habe ein Marder geholt, ein Fuchs, niemand
ist sicher, man lebt hier selten
des Nachts. Das Haus zu groß
für ein Haus, die Menschen zu reich,
nicht aus meiner Zeit. Dennoch gehen wir
auf die Jagd gemeinsam, durch die verwachsenen
Ränder des Familienerbes, kein Tier
knackt das Unterholz, kein Kadaver
legt seinen Geruch wie ein spukender Ahne
an die Grenze des Grundstücks. Ich glaube, alles
hält die Terrasse verborgen, niemand
folgt mir nach, wie sollten sie auch, meine Tage
liegen anderswo. Nur die Seeadler auf den Pfosten
lassen mich nicht aus dem Blick, ich fühle
ihre gefeilten Augen mir in den Nacken starren,
bis ich stürze, doch das ist unwesentlich, nur
eine kurzfristige Veränderung des alten Gebäudes.

Nora Bossong / Nujoom Al-Ghanem

صيد ساكن

أقفاص مرصوصة على امتداد المنحدر
المؤدي للأسفل
يقال إن نمساً أو ثعلباً قد سرق الأرنب
لا يبدو أحد متأكدا
لا أحد يأتي إلى هنا في الليل
أصحاب البيت الكبير
الأشبه بقصر
ليسوا من زمني
مع ذلك نذهب سوياً للصيد
على أطراف المرج المعزول
حيث ينمو الشجر بشكل عشوائي
لم يكن هناك أثر لكائن حي أو ميت
ليترك رائحته في الأرجاء
كشبح الجد الأكبر
أظن أن الشرفة تخفي كل شيء
لم يكن أحد يتبعني
وكيف لهم أن يفعلوا
وأنا لست من ذاك الزمان
فقط النسور المنحوتة على الأعمدة
تتابعني بعيونها
تغرس نظراتها الرخامية فيّ من الخلف
فأسقط، ولكن هذا لا يهم
فهو تعثرٌ عابر
لا ينبغي له أن يقضّ هيبة
ذلك البيت العتيق.

Nora Bossong

Leichtes Gefieder

Vielleicht zu spät, als eine Krähe
unseren Morgen kappt. Ein Schlag.
Und ob sie fällt und ob sie weiterfliegt –
Ich frag zu laut, ob du noch Kaffee magst.
Dein Blick ist schroff, wie aus dem Tag gebrochen.
Es riecht nach Sand. Du fragst mich, ob ich wisse,
dass Krähen einmal weiß gefiedert waren.
Ich lösch die Zigarette aus, ich wünsch mich
weg von hier, ich möchte niemanden,
ich möchte höchstens einen andern sehen.
Du nennst mich: Koronis. Ich zeig zum Fenster:
Sieh doch, die Aussicht hat sich nicht verändert!
Was gehen dich die Stunden an, die du nicht kennst?
Ich will nur Mädchen sein, nicht in Arkadien leben.
Dein Nagel scharrt noch in der Asche,
doch du bist still, als wärst du fort.
Ich bin zu leicht für deine Mythen.

ريش خفيف

ربما يكون قد فات الأوان
عندما يقطع الغراب صباحنا
باصطدامه بالنافذة
الغراب الذي ربما سقط
وربما تابع الطيران بعد ذلك.
أسأل بصوت عالٍ ان كنتَ تريد المزيد من القهوة
نظرتك جارحة كما لو أنها مقتلعة من النهار
ترتفع رائحة الرمل، تسألني إن كنتُ أعرف
أن ريش الغربان كان أبيض حسب الأساطير القديمة؟
أطفئ السيجارة متمنية
ألا أكون هنا - لا أريد أحدا
وإن كان لا بد فلستَ أنت من أريد
تدعوني "كورونيس" فأشير نحو النافذة
وأقول لك: انظر لم يتغير المشهد
لا شأن لك بالوقت الذي أقضيه بدونك
أريد أن أكون كسائر الفتيات، لا يهمني العيش في "أركاديا"[2]

تتشاغل بنبش رماد المنفضة
صامتٌ أنت وكأنك في الغياب
أما أنا فأريد لروحي أن تكون
أكثر خفة من أساطيرك.

Nora Bossong

Geweihe

Das Spiel ist abgebrochen. Wie sollen wir
jetzt noch an Märchen glauben? Die Äste
splittern nachts nicht mehr, kein Wild,
das durch die Wälder zieht, und das Gewitter
löst sich in Fliegenschwärmen auf. Gleichwohl,
es bleibt dabei: Das Jucken unter unsern Füßen
ist kein Tannenrest, kein Nesselblatt, wir folgen noch
dem Dreierschritt, den sieben Bergen und auch
dem Rehkitz Brüderchen und seiner Liebsten.
Erzähl mir die Geweihe an die Wand, erzähl mir
Nadeln in die Fliegen. Im rechten Moment
vergaßen wir zu stolpern.
Schneewittchen schläft.

Nora Bossong / Nujoom Al-Ghanem

قرون الأيل

ها انتهت اللعبة
والآن كيف لنا أن نصدق الحكايات الخرافية
بعد أن لم تعد الأيائل تتجول في الغابات
ولم تعد الأغصان تتكسر تحت أقدامها في الليالي
وبعد أن تحول رذاذ المطر إلى
شلالات من الذباب
ولكن هذا ما آلت إليه الأشياء
حرقان أقدامنا ليس بفعل
شوك الصنوبر ولا لسع القراص
ما زلنا نتبع ايقاع الاساطير ذاتها
حكاية الجبال السبعة،
والأيل الصغير والشقيقة المحبوبة
احك لي عن قرون الأيائل
المعلقة على الجدار
عن الذبابات المشبوكة في الحائط
بالدبابيس
ها نحن عندما آن لنا أن نستيقظ
لم نفعل
الأميرة الحسناء ، بقيت نائمة.

**Im Himmel der Gedichte
und das Schmuggeln ihres Blutes
Nujoom Al-Ghanem (Vereinigte Arabische Emirate)**

In Berlin feierten die Gedichte die Tage des Winters, in denen alles auf Weihnachten wartet, mit bangem Herzen zwar, aber strahlend wie der Schnee ... Vielleicht hatten wir erwartet, dass die Flamme rasch emporlodert, noch bevor es uns vergönnt war, dem Schwelen der Glut genügend Zeit zu geben, die äußere, mit Rauch und Asche vermischte Hülle vom Gesicht zu streifen ... Vielleicht mussten wir erst einmal lernen, uns dem Brennofen der Erfahrung nur langsam zu nähern, oder vielleicht hätte man das Holz häufiger wenden müssen, das beim Verbrennen seinen eigenen Regeln folgte ... Doch Kälte und Feuer beißen beide, und ebenso die Verwirrung ...
Wir mussten in Berlin, während wir uns der Erfahrung des Übersetzens unterwarfen, unsere Seelen zuweilen noch vor den Versen auf den Tisch der Poesie schmuggeln ... Die Gedanken, die kamen und gingen, auf der Suche nach Möglichkeiten, den Sinn auszudrücken und den anderen zu verführen, schienen sich hinter den Mauern ihrer Muttersprache zu verschanzen ... Ich weiß nicht, ob der Spalt, von dem ich mir vorstellte, ihn in ihre Wand zu treiben, weit genug war, um uns ihr Inneres sehen zu lassen ... Ich weiß nicht, ob das Herz der Sprache sich immer noch an seine Schlüssel klammerte, voller Angst davor, sie *ganz* demjenigen zu geben, der auf der anderen Seite wartete, voller Eifer, sich über alle Details zu informieren ... Ist es uns gelungen, die Kisten der Sprache zu öffnen, sodass ihr wahrer Kern sichtbar wurde? Und ließen wir ein wenig Magie zwischen den Falten der Rede? Blieb noch etwas übrig, worüber nicht offen geredet wurde? Blieb noch etwas, das nicht gesagt werden konnte oder von dem der Deckel nicht gelüpft wurde?!
Sicher ist, dass wir gemeinsam unter dem Fenster des Versuchs standen, uns mit Freundschaft bewarfen und die Kirschen des Sinns kosteten ...
Wir gingen alle gemeinsam hinaus zu einem Wasserfall des Lichts, wo uns eine neue Geografie erwartete und Städte, die uns zweifellos am Herzen liegen werden, ebenso sehr wie Berlin, und wo wir eine Ecke haben werden, unter dessen Dach wir eine neue Kerze anzünden, um zu erkunden, was die Gräben der Sprache verstecken, und um das Gold der Sprache zu finden in einer Rundreise, für die wir – wie ich vermute – nun besser bewaffnet sind als zuvor.

Nora Bossong

Die vier Übersetzungstage, die wir in der deutsch-arabischen Lyrikergruppe verbracht haben, erinnere ich als sehr intensive Zeit, die für mich einen Einblick in die zeitgenössische arabische Lyrik bot, die sowohl der deutschen Lyriktradition als auch der gegenwärtigen deutschen Lyrikszene recht fern ist. Eine Übertragung der Texte von Nujoom, die aus einer so anderen Sprache, Lyriktradition und Bildwelt bestehen, erforderte deshalb ein hohes Maß an Einfühlung und viele Gespräche, in denen Missverständnisse ausgeräumt werden können und ein Verständnis für die Gedichte, ihre situative Verortung und ihren emotionalen Gehalt erarbeitet werden konnten. Darüber hinaus empfand ich es als ebenso gewinnbringend, in Gesprächen über meine eigenen Texte diesen sehr gründlich nachzugehen, von der Syntax über Metaphern und Anspielungen die Gedichte zunächst auseinanderzunehmen, um sie dann, Stück für Stück, wieder zusammenzusetzen. Auf diese Weise habe ich mich meinen eigenen Gedichten, die bereits einige Jahre alt sind, aus einer beinah fremden Perspektive heraus neu angenähert.

في جنة القصائد
وتهريب دمائها
من نجوم الغانم- الإمارات

في برلين كانت القصائد تحتفي بأيام الشتاء؛ حيث كلُّ شيء ينتظر الميلاد بقلب مرتجف، ولكنه ناصع كالثلج.. لعلنا توقعنا أن يرتفع الوهج سريعًا، قبل أن يتاح لنا أن نمنح احتراق الجمر وقتًا كافيًا، ليلقي عن وجهه غشاوته الخارجية، الممتزجة بالدخان والرماد.. لعلنا كنا بحاجة إلى أن نتعلم أولًا؛ التمهل في الاقتراب من تنور التجربة ، ربما كان الأمر يتطلب المزيد من تقليب الحطب، الذي كان يشتعل وفق قانونه .. البرد والنار كلاهما يلسعان، وكذلك الحيرة..

كان علينا في برلين، ونحن نخضع لتجربة الترجمة؛ أن نهرّب أرواحنا على موائد الشعر قبل الأبيات أحيانًا .. أما الأفكار التي كانت تجيء وتذهب، بحثًا عن سبل لقول المعنى وغواية الآخر ؛ فقد بدت وكأنها تتحصن خلف أسوار لغتها الأم. لا أعرف إن كان المنفذ الذي تخيلت أنني أحفره في جدارها، قد اتسع بما يكفي ليسمح برؤية داخله.. لا أدري إن كان قلب اللغة ظل متشبثًا بمفاتيحه، وخائفا أن يمنحها لمن ينتظر على الطرف المقابل، بشغف الاطلاع على كل التفاصيل.. هل تمكنا من فتح صناديق اللغة، ليظهر بلورها الحقيقي؟ أما تركنا شيئًا من سحرها بين طيات الكلام؟ هل ظل شيء لم يتم البوح عنه؟.. هل ظل شيء لم يكن له أن يُقال، أو أن ينحسر عنه غطاؤه ؟!

الأمر المؤكد أننا وقفنا سويا تحت نافذة المحاولة ، تبادلنا التراشق بالمحبة، وذقنا كرز المعنى.

خرجنا جميعا إلى شلال الضوء ؛ حيث تنتظرنا جغرافيا جديدة، ومدن لا شك أنها ستكون قريبة من القلب، بنفس درجة قرب برلين، وسيكون لنا فيها كل ركن، نشعل تحت سقفه شمعة جديدة؛ لاستكشاف ما تخبئه خنادق اللغة، والتقاط ذهبها ، في جولة أظننا أصبحنا أكثر تسلحًا لخوضها.

نورا بوسونغ

أيام الترجمة الأربعة التي قضيناها ضمن مجموعة الشعر العربية الألمانية أتذكرُها كوقتٍ مكثفٍ أتاح لي فرصة الإطلاع على الشعر العربي المعاصر البعيد في الواقع عن الشعر الألماني التقليدي وعن المشهد الشعري الألماني الحالي على حدٌ سواء . إنّ نقل نصوص نجوم المسبوكة بلغةٍ وتقاليدَ شعريةٍ وعوالم صور كهذه من الأقدار من الاختلاف تطلبت مني درجة استشعار عالية وكثيرًا من المحادثات التي نحّتُ سوء الفهم جانبًا وساعدت على فهم القصائد وتموضعها الظرفي ومكنوناتها الوجدانية. علاوة على ذلك لمستُ إثراءً خلال البحث في نصوصي الخاصة والتفكير بها بشكل معمق، وإثراءً في تفكيكِ القصائد أولًا على صعيد تركيبها اللغوي ومجازاتها وإحالاتها، ومن ثم إعادة تركيبها جزءًا تلو الآخر . بهذا قاربتُ مجددًا قصائدي التي مضى على كتباتها عدة سنوات من منظور يكاد يكون آخر.

Ali Al-Sharqawi / Gerhard Falkner   علي الشرقاوي/جيرهارد فالكنر

ما لا يتفهرس

بالقلب رأيت:
كواكب أزمنةٍ في شكل الولدان
حنان صلاة العشبة في الصمت العاصف
تاريخ الحجر الناطق بالماء الممكن
ريحان الغبطة
عاطفة الكاف الأمّارة بالريح
ضفاف الحدس الخارج عن سلطة كل الكلمات
أمواج الذبذبة الأولى
و فراغات الأوتار الكونية
ورأيت الماضي والمستقبل
ورأيت ....
رأيت ....
را ....

Ali Al-Sharqawi / Gerhard Falkner

Das Unfassliche / Nicht zu fassen!

Ich sah mit dem Herzen sah ich
die Sterne der überdauernden Zeiten in Gestalt von Embryos
stumm gekauert in die Gebete der Sanftheit wie Grashalme im Sturm
sah die Geschichte des Gesteins, in der das Wasser des Womöglichen
sprudelt und spricht
das Basilikum der Überglücklichkeit
die Einfühlsamkeit jenes: Es werde! das den Sturm entfacht
sah die Ufer der Einbildungskraft jenseits der Herrschaft der Worte
die Wellen der frühesten Aufwallung
die Leere des klingenden Universums
sah die Vergangenheit sah ich und die Zukunft
und ich sahsah
und ich sahsahsah
und sa

Ali Al-Sharqawi

ربما موجة من كلام القناديل
ترمي جدائلها فوق زنديك
مثل الحدائق في الصحو
تسقيك خمر قراءة ثلج الضلوع
و تشرب من شفتيك براءة لحنٍ
يشكّل غصن الفضاء

Ali Al-Sharqawi / Gerhard Falkner

Wellen von Worten wachsen lassen

Gleich einer Welle von Worten lassen
die Lampen ihr Haar wachsen auf deine Schultern
fast wie erwachende Gärten fast wie
fällt aus den Lampen gleich einer Welle von Worten
auf deine Schultern ihr Haar
sie, die dir den Wein reicht
sie reicht dir den Wein der Erkenntnis, den Wein des
Begreifens, die Rippe wird kalt, sie erkaltet
sie trinkt, trinkt sie von deinen Lippen, deiner Lippe, die unschuldige
die reine Melodie, die wie ein Ast
in die Unendlichkeit ragt

ولادة الطريق

السماء مبقعة بغناء النوارس
والبحر أرجوحة للمراقين على ضفة الحلم
يا أيها الأفق
افتح ربيع الإضاءة
دعنا نهيم هنا
نتدالق في الجهتين المراهقتين
كهجرة نص يعيد صياغة أطرافه
بدم اللغة القابلة

Ali Al-Sharqawi / Gerhard Falkner

Geburt des Weges

Der Himmel ist getupft mit dem Schrei der Möwen
das Meer wiegt die ans Land des Traums Gespülten
O Horizont
öffne dein Licht dem Frühling
lass uns in unseren jungen Tagen herumtollen und ausschweifen
dass einer den andern bespritzt mit Wasser und so
lass uns Verbreitung finden wie einen Text, dessen Ende stets von Neuem beginnt
wenn eine noch mal andere Sprache ihn wieder zur Welt bringt

نائمةٌ هي السفينة

كعشبٍ في كتاب الريح شاهقةٌ ~ ~ ~ و حولك تركضُ في الشوارع جثةُ الإنحناء، ~ ~ ~ ~ في زي القبائل أو غبار التيه في قلقٍ يسامرك التراب الطفل ~ ~ ~ في ماءٍ يرافقك الظلام إلى كلام البحر هل بحرٌ ينام الآن دون شكيمة الأملاح؟ ~ ~ هل ملحٌ يجرّدُ وردة الخدين من غصنٍ تسلّق مومياء الأمس ؟ شاهقةً كأن معادن القصدير
~ ~ ~ ~ ~ ~ ~ ~ ~ ~ ~ ~ ~

Ali Al-Sharqawi / Gerhard Falkner

Altes Schiff

aufragend, wie Schilf im Buch des Windes – um dich herum, du Wrack, tummeln sich
die Leichen sämtlicher Couleurs – in Stammestracht oder sonst wie zurückgeblieben,

endlos rieselnd redet der sorglose Sand auf dich ein – im Wasser führt dich

die Dunkelheit in das Geraune des Meeres. Schläft ein. Kann ein Meer denn schlafen

ohne die Kraft des Salzes? Kann Salz die Blüte der Wangen pflücken von einem

abgestorbenen Ast, der aus einem verknöcherten Gestern ragt? Aufragend wie Zinn

Ali Al-Sharqawi

الأزرق

يعكس حنجرتي
حين تنط الموجة من جلد الأفعى
أو حين يجيء القرش الفاره بالحب
ليغفو فوق ذراع قناديل الدهشة
في ليل يشبه صمت الصبح
إلى ما لا يفهمه الأزرق أسعى

Ali Al-Sharqawi / Gerhard Falkner

Das Blau

(des Meeres) wirft meine Worte zurück
wenn es der Welt unter der Haut kribbelt
wenn der Haifisch, im Liebesübermut, die Wellen durchschnellt
um überwältigt zu ruhen in den Armen der Leuchtquallen
in einer Nacht, die so still ist wie die Stille des Morgens
ich aber sehne mich nach dem, was weit über das Blau
(des Meeres) hinausgeht

Ali Al-Sharqawi

تحولات

و يرتجف الانتشاء
كقبلةِ غيم يلامس حلمة عشب الكلام
يؤول إحساسنا برهافة صمتِ
يشدُ الظلام بضرس الفضاء
يحوّلنا
لغة لغوامضها لهجة الكيمياء

Ali Al-Sharqawi / Gerhard Falkner

Metamorphosen

Die Berauschtheit berauscht sich am Rausch
als berührte der Kuss einer Wolke die zitternde Brust des Grases
und deutet unsere Empfindung mit dem Zartgefühl der Stille
bis endlich wie mit dem Reißzahn
die endlose Weite das Dunkel packt und uns verwandelt
in eine Sprache, deren Geheimnisse bestimmt sind von einer rätselhaften Chemie.

Ali Al-Sharqawi

خارج الأزمنة

أيها الصبح يا عرق المدخنة
أيها الصبح
قم
و تنفس دما في خلاياي
تلك التي نرتدي الأمكنة
إنني بك يا واحدي
زمنٌ
خارج عن مدى سطوة الأزمنة

Ali Al-Sharqawi / Gerhard Falkner

Entrücktheit

O Morgen, dich mit aller Kraft dem Ruß
dem schwarzen Qualm der Nacht entringend
O Morgen
Erhebe dich
Dringe mit deinem Atem in jede meiner Zellen
Zellen, die der Ort sind für die Orte, die sie tragen
Wie man Kleider trägt
Durch dich bin ich, du mein einziger Einzigster
eine Zeit
an die der Arm der Zeit nicht heranreicht

Ali Al-Sharqawi

في الصمت الصاخب

شحاذون بين سواحل المعنى / لهم وجه الصدى
و عمامة الأحجار / ينتشرون في دمنا / أيادٍ
في أصابعها عيون حضارة الاسمنت ~ ~ ~ ~~ ~ ~ ~ ~
~ ~ ~ ~~ ~ ~ ~ ~ ~ ~ ~ ~ ~~ ~ ~ ~ ~
يا صمتا نما في مرطبان الصمت ~ ~ ~ ~ ~ ~ ~ ~ ~ ~ ~
من أي الشواطئ ينبع المزحوم باللوتس ؟

Ali Al-Sharqawi / Gerhard Falkner

In der lärmenden / brausenden Stille

Bettler sind sie zwischen den Ebenen der Bedeutung sind sie / sie haben das Gesicht
des Echos haben sie und tragen den Turban der Steine den Turban / sie breiten sich aus in uns und im Blut in uns / an der Hand / und in den Händen / Händen
Vorne an ihren Fingern öffnen sich die Augen des Betonzeitalters ——

Du Stille, die du gereift bist im Marmeladenglas der Stille
An welchem Strand sprudelt der vom Lotus Erfüllte?

Gerhard Falkner

entwurf einer demolation

ICH BIN ES, der Dichter
ich bin es nicht wert, dass man mir den Dreck
hinterherwirft, den ich von mir gebe
ich bin, so steht es auf dem Papier
die Gestalt
an der die Sprache sich abwischt
der Dauergast
in ihren Elendsvierteln
es ist so einfach
meinem Hirn über die Schultern zu gucken
und auf die gestirnte Leere zu blicken
die mein Denken überschattet
was immer ich anschneide
ist allein schon dadurch
blamiert bis auf die Knochen
kaum mache ich den Mund auf
schon schallen mir die glücklichsten Zeiten
entgegen
(glücklich im Sinne von unglücklich)
ich drücke die Türklinke
ich öffne ein Schubfach, Nacht schlägt
mir entgegen aus dem Schubfach
Apfelduft und Nacht.
Immer wieder entschlüpft etwas Dunkles
für das ich zu flach bin
zu unbekannt, zu geboren.
Ich möchte einen schlafen gehen
aber wer bin ich, das zu wollen
Ich greife zum Haar, das Haar brennt
nicht, keine Flammen, kein Nachmittag,
an dem jemand stirbt
stirbt an seinem bisher, stirbt an der Frage
warum etwas ist und nicht vielmehr nichts
(eine Frage, die dasteht wie gedruckt!)

Gerhard Falkner / Ali Al-Sharqawi

مسودة تخريب

أنا هو الشاعر
لا تردوا عليّ الأوساخ
التي أقذفها عليكم
أنا الذي كما هو مثبت في الورق
صعلوك
تتمسح به اللغة.
أنا المتسلل
للأحياء العشوائية
أن قلت. أحط من نفسي
فما ان انطق
حتى يرجع لي صدى أحلى الأيام
(حلوة بمعنى مرة)
أدفع الباب. تصد مني الظلمة
أفتح جاروراً.
فاشم عبق تفاح وليل
دائماً
تخرج لي الظلمة التي لا أستطيع استيعابها
لشدة سخفي
ولشدة نكران العالم لي
ولكوني موجود. زيادة عن الحاجة
....
أرغب أن أخذ لي نوماً
ولكن من أنا حتى أستحق هذه الرغبة!
أتناول شعري، لا وميض، لا نار،
لا مساء يموت فيه
يموت بما كان عليه
يموت نتيجة لسؤال
لماذا يكون الوجود ولا يكون العدم؟
(لكأن السؤال منقوش في الحجر)

Gerhard Falkner

Ich liege im Zimmer
die Welt ist aufgeblasen wie ein Ball
die Augendeckel sind hochgeklappt.
Draußen stehen die Bäume, die grünen Bläser
abgeriegelt von den Geigenklängen
dahinter der große Hintergrund meines Lebens
hell und hohl
da endlich betritt sie das Zimmer
sie, die in jeder Frau sich wiederholt
sie, die dasteht wie gedruckt
sie, die mich sieht und nicht vielmehr nicht sieht.
Zwischen Tür und Angel entdeckt sie ihre Neugierde
sie legt ihre Hände voller Virtuosität
auf ihre Rippen
Rippen, die sie hungrig und kurzlebig
erscheinen lassen.
Er, der über sich selbst hinaus auch noch ich ist
sieht das, sieht wie
sie fragt: Was geht hier vor?
Er sagt ich sage: Halb drei!
und ziehe durch diese Zahl
eine tote Hortensie. Da erzählt sie:
Mein schmaler Gatte kommt auf mich zu
und sagt: Sei froh, dass du tot bist.
Für mich, sage ich, sagt sie, bin ich nicht
tot, für mich ist es nur spät, schon
halb drei
die Stunden sterben wie die Fliegen
sie fragt, was geht hier eigentlich vor
ich sage, ich werde gerade selbstbefriedigt!

Gerhard Falkner / Ali Al-Sharqawi

أنا مستلقٍ في الغرفة
والعالم منفوخٌ مثل كرة
الجفون مرفوعة عن العيون
في الخارج، الأشجار، العازفون الخضر على الآت النفخ
محاصرون بأنغام الكمان ،
في نهايتها أنظر خلفية حياتي
فارغة
وأخيراً أطأ الغرفة:
هي: تلك التي تتكرر في كل أمرأة
هي: تلك التي تنتصب مثل نقش في الحجر
هي: تلك التي تراني وليست لا تراني
بين ليلةٍ وضحاها تكتشف فضولها
بينما تدخل، تكتشف نفسها
وبطريقة الفنان
تضع يديها على أضلاعها
أضلاعَ تظهرها جائعة
وحياتها قصيرة.
هو، الذي أضافة إلى نفسه، أيضاً
يرى ذلك، يرى كيف تسأل هي:
ما الذي يجري هنا؟
هو يقول، أنا أقول: الثانية والنصف!
اسحب الرقم من زهرةٍ ميتة
عندها: بعلي النحيف أناني
وقال: أفرحي. لأنك ميتة
أقول أنا، تقول هي، أنا لست ميتة
انما تأخر الوقت. الوقت بالنسبة لي
الثانية والنصف!!

Gerhard Falkner

Damit beginnt der Abstieg
aus der Höhe der Reflexion
in die Tiefe der Befleckung.
Aber, sagt sie, das geht nicht
ich bin doch kein Sack
den man sich in die Tür hängt
ich werde jetzt heiraten gehen
ich geh auf die Straße
und heirate ich aber
ich kann nur beteuern:
Ich habe das Gedicht nicht gewollt,
wie ein Vers liege ich nachts
auf dem Rücken, aufgedeckt, nicht zu Ende
gedacht, wie ein trockener Teebeutel,
wie das herunterhängende rote Ende
eines nicht mehr dichtbaren
 Gedankenfadens

Gerhard Falkner / Ali Al-Sharqawi

الساعات كالذئاب تموت
تسأل هي: ما الذي يجري
أقول أنا. مورس لي الاستمناء
حينها يبدأ الهبوط
من علياء التفكر
إلى قاع التلطيخ
تقول هي: لا يمكن ذلك
أنا لست كيساً مهملاً
على الباب
سأخرج
سأذهب للشارع
وأتزوج
أنا أؤكد على أنني
لم أكن أريد القصيدة
مثل قافية ملقاة على الظهر .
عار، كقافية في الليل
إفكارٌ عاقرةٌ، مثل كيس شاي جاف
كتدلي حمرة حبل الإفكار
لا يمكن أن يعقد منه الشعر .

Gerhard Falkner

sieben geliebte

meine erste geliebte
heißt nicht laura und nicht liliana
sie tanzt nicht und schläft nicht und lebt nicht
gleicht sie nicht gott

meine zweite geliebte
öffnet die fenster zum jungen april
ich seh die jubelnden lerchen steigen
wie schön muss sie sein

meine dritte geliebte
ist reich bis über die schultern
sie schenkt mir ruhe und lust, ganz wie sie will
ihre bekanntschaft bleibt sie mir schuldig

meine vierte geliebte
lahmt. als ich mich umblickte
da wir die gestrafte stadt verließen
streifte mein blick ihr bein

meine fünfte geliebte
ist mir beim küssen
ins weinglas gefallen. sie ist dahin
und kommt nicht mehr woher

meine siebte geliebte
ist dieselbe wie die sechste
ich habe sie doppelt. immer müssen
sie wegen sich weinen

Gerhard Falkner / Ali Al-Sharqawi

سبع عشيقات

عشيقتي الاولى
ليست لورا ولا ليليانا
لا ترقص ولا تنام ولا تعيش
وألا تشبه الله

عشيقتي الثانية
تفتح النافذة على نيسان الشاب
ارى القنابر المهللة ترتفع
أليس لها ان تكون جميلة

عشيقتي الثالثة
ثرية للغاية
تهبني الهدوء والرغبة, حسب ما تريد
ولكنها تدين لي بمعرفتها

عشيقتي الرابعة
تَعرج, حين إلتفت
ونحن خارجون من المدينة الملعونة
لمحت رجلها

عشيقتي الخامسة
وانا اقبلها وقعت مني
في كأس النبيذ.
ضاعت الى الابد.

عشيقتي السابعة
هي نفسها السادسة
امتلكها مرتين
كالضرتين دائما تبكيا

Ali Al-Sharqawi (Bahrain)

Die Erfahrung des Übersetzungsworkshops zwischen den beiden Sprachen Arabisch und Deutsch, die wir in Berlin gemacht haben, gehört zu den wichtigsten Erfahrungen in meinem Leben. Durch sie gelang es mir, ein wenig zu erfahren, wie der deutsche Dichter denkt. Ich konnte sehen, wie das Gedicht unmittelbar in die Tiefe geht, ohne die Notwendigkeit von Erklärungen, an der ein Großteil der arabischen Dichtung leidet. Aus diesem Grunde betrachte ich es als notwendig, dass diese Erfahrung weitergeführt wird, bis ihre Früchte reif sind, zwischen den verschiedenen Sprachen auf dem gesamten Gebiet der Kultur. Und möglicherweise riechen wir den Duft der menschlichen Toleranz und der Liebe zwischen den Menschen durch den Weltfrieden, zu dem alle Menschen aufrufen.

Gerhard Falkner

Nach meiner Teilnahme am Arabisch-Deutschen Kulturdialog im November 2008 auf Einladung der Al Maktoum Foundation nach Dubai war die Veranstaltung »Versschmuggel« der Literaturwerkstatt Berlin im November 2009 die zweite, prägnante Begegnung mit Autoren aus dem arabischen Raum. Interessanterweise waren es beide Male überwiegend Dichter, die im Mittelpunkt dieses kulturell beachtlichen, aber natürlich auch politisch höchst interessanten Zusammentreffens standen.
Nicht die Fachleute also, die trotz Aufbietung immer neuer Schlagworte sich doch meist in den beschränkten Grenzen des bestehenden Dialogs bewegen, sondern eher barometrische Naturen mit weltweit dechiffrierbarem poetischem Hintergrund.
Dabei ergaben sich kommunikative Spannweiten zwischen so extremen Positionen wie jener der »kulturellen Differenz«, die an der Übersetzung von Gedichten manchmal besonders deutlich wird, oder der einer »moralisch-politischen Differenz«, die sich oft natürlich entzündet am begreiflichen Unbehagen der arabischen Welt mit der vom Westen im Allgemeinen polemisch eingesetzten Zwangsassoziation alles »Arabischen« als Brutkessel des Terrorismus.
Die Zusammenarbeit mit dem Dichter Al Sharqawi aus dem Königreich Bahrain erwies sich dabei als amüsant, geistreich und seriös.

جيرهارد فالكنر ، برلين 2009

بعد مشاركتي بالحوار الألماني العربي في تشرين الثاني/أكتوبر 2008 بدعوةٍ من مؤسسة آل مكتوم إلى دبي جاءت فعالية "تهريب الشعر" التي نظمتها "ورشة الأدب برلين" في تشرين الثاني/أكتوبر 2009 لتكون لقائي المميز الثاني بكتُّابٍ من العالم العربي. ومن اللافت أن يكون الشعراء بشكلٍ أساسي في صلب هذين اللقاءين عظيمي الأهمية من الناحية الثقافية وبالطبع السياسية أيضًا.
لم يكُن لقاء مختصين يتحركون ضمن حدود الحوار القائم الضيقة، رغم تكرار احتدام الشعارات الجديدة، بل لقاء كانت استشعارية ذات خلفيات شعرية يمكن فك مغاليقها في أرحاب العالم.
نتجت خلال ذلك جسور توصل بين مواقف راديكالية متباعدة مثل "التباين الثقافي" الذي يصبح أحيانا أكثر جلاءٍ عند ترجمة الشعر، أو "التباين الأخلاقي" الذي يشتعل غالبًا على عتبات تململ وضيق ذرع العالم العربي بالمصطلح، عندما يحيل الغرب قسريًا كل ما هو "عربي" إلى مرجلِ حاضن للإرهاب. العمل المشترك مع الشاعر علي الشرقاوي من مملكة البحرين تميز بتلازم الفكاهة والفطنة والجد في ذات الوقت.

تجربة ورشة الترجمة بين اللغتين الألمانية التي عشناها في برلين كانت من التجارب المهمة في حياتي ، فمن خلالها استطعت أر أتعرف على شيء من طريقة تفكير الشاعر الألماني ، و استطعت أن أرى ذهاب القصيدة إلى العمق مباشرة ، دون الحاجة إلى الشرح التي يعاني منها أكثر الشعر العربي . من هنا أرى من الضروري أن تتواصل هذه التجربة إلى أن تنضج ثمارها، بين اللغات المختلفة في عموم الساحة
الثقافية ،
السلام العالمي الذي ينشده كل الناس على من خلالها قد نشم رائحة التسامح الإنساني و المحبة بين الإخوة البشرية.

علي الشرقاوي

Mohammad Al-Domaini / Sylvia Geist / محمد الدميني / سليفيا غايست

Mohammad Al-Domaini

أيامٌ لم يدّخرها أحد

أطلبُ أياماً لم يدّخرها أحد
أيامٌ بأحذية لكي لا تبتردَ من الفاقة
وعظامٍ كثيرة
تشبه صرخات غريق

لم أعرف حياة أخرى
أكثر من هذه الملقاةُ تحت وسادتي
أنام فيها
وأصحو فزعاً
لأن جاراً بعيداً
يلتهم سكينتي
ويتسكع في حُجرات صمتي الفسيح

بغضب، أدفعُ ضريبة العمر،
وأواصلُ الحياة
كمتآمر نسي مسدّسه
في مكان الجريمة

أيامي كثيرة
بعضها يستيقظُ على عجلٍ،
فينحدر لاهثاً في حديد الصحراء
فلا أستعيده
وبعضها يضطرم في غبار الطرقات
فأنقذه بيقظة عكازي
تركتُ أياماً كثيرةً
في حماية ليالي الهائجة
وحين عدتُ إلى المنزل
شممتُ دخان الخيانة
وراء كل ستارة
يختبىءُ قرصان

Mohammad Al-Domini / Sylvia Geist

Tage, die keiner aufhob

Ich will die Tage, die keiner aufhob.
Ich will sie mit Schuhen, damit sie nicht frieren,
die armen Tage, ich will die
Haut- und Knochentage,
die rufenden, die ertrinkenden Tage.

Kein Leben kenne ich besser
als das unter meinem Kopfkissen,
das Leben, in dem ich aufschrecke
unter den Argusaugen eines x-beliebigen Nachbarn,
der in die stillen Winkel meines Zimmers späht.

Wütend zahle ich noch die Tage ab,
die mir längst entglitten sind, und lebe doch weiter,
ein Verschwörer, der seine Pistole am Tatort verlor.

Ein paar meiner Tage
beginnen heiter, aber schon bald
schleppen auch sie sich durch die Wüste dahin,
ächzend unter schwerem Gerät, unhaltbar.
Andere gehen im Straßenstaub
in Flammen auf, ich müsste sie retten
mit einem geschickten Schwenk meines Gehstocks.
Viele ließ ich im Schutz langer Nächte zurück,
doch wenn ich heimkam,
konnte ich ihre Untreue riechen
und hinter jedem Vorhang einen Eindringling.

Ich brauchte neue Hände, solche, die zuschnappen könnten,
küssen, sich hin- und herwälzen könnten auf dem Holz
des Tischs, nur so, weil es gerade ruhig ist, Hände,
die die Wörter erfassen könnten, die von den Vandalen
vergessenen Gartenwörter.

Mohammad Al-Domaini

أحبّ اليدَ التي تلتقط، وتقبّل، وتتمرّغ فوق خشب الطاولة، بلا سببٍ
سوى صمت المكان
والتقاط كلمات نسيها الغزاةُ في حديقة
هناك ذئابٌ نائمةٌ في الجوار
يكفي أن أسعل في ضباب الصباح الرّخو لتصحو
افتحوا بابًا لهذا الضوء المسروق من ألم صديق
كثيرةٌ هذه الحجارة اللامعة
التي تتساقط من عيون العابرين
وبين أقدامهم
تتعثّرُ أساطيرُ كسولة
نسيها الحطّابون على شفير فؤوسهم ....

أردتُ إنقاذ الصباح
من مكائد شمس مدرّبة
ثَملتْ وهي توصد المكان
بسعيرها العالي
أنتظرُ آخرين .. تعتّم صلواتهم
أنتظرهم بلا يأس
كقاطع طريق يراقب
قُطعان ندمه
وهي تتدافع في حظيرة

قليلةٌ أيامي
وبعضها مليء بالشبهات
كثيراً ما أحدّق فيها
فأراها شواهد قبور
ينتحب تحتها موتى لم يتدربوا كثيراً على السهر الطويل

ترك الألمُ سهامَه الحائرةَ فيّ
وحين مللت قليلا عانقتُ أجسادًا
لم تدرك أبدًا
أن الدم المتسرب عنوةً
سيوقظ الأمهات

لم نعرف حياةً أثمن من هذه التي لم يدفع فيها أحدًا
مكافأةً عن أيامه المتروكة في حظيرة الأيام

Mohammad Al-Domini / Sylvia Geist

Im Morgengrauen Wand an Wand
mit dem hellhörigsten Pack,
mach ich die Tür auf für den verletzten Freund Tag,
aus seinen Wunden sickert Licht.
Das lässt die Steine glänzen, wieder und wieder,
aufgeworfen vom Pflug wie müde Mythen,
trauriges Geröll unter unseren Augen,
die wir über diese Äcker stolpern.

Ich wollte den Morgen
vor den Spiegelfechtereien einer Sonne bewahren,
die sich am eigenen Sperrfeuer berauscht,
hoch über dem eingekesselten, geblendeten Dorf.
Jetzt warte ich auf andere. Unverständlich ihre Gebete,
aber ich warte auf sie, ein standhafter Dieb,
in dem die Reue sich zusammenballt
wie eine Herde im Stall.

Mir bleibt nur noch ein kleiner Vorrat
an Tagen, manchmal sind sie kaum mehr
als Verdachtsmomente, vor Müdigkeit gestorben
und begraben unter meinem Blick.
Der Querschläger Schmerz lässt mich taumeln,
als fiele ich allen in die Arme,
die schon vorausgegangen sind und nichts mehr wissen
von den Toten, nichts von den Müttern der Toten.

Wir kennen kein kostbareres Leben als das,
dessen Tage wir im Stall versäumten.

Mohammad Al-Domaini

شمس مسنّه

شاخَتِ الشمس تماماً
لم تعد نديمة الصّبا
ولا شاهدة الحب المطارَد بين حقول الذرة
لقد ذبُلتْ
وغرقت
في الأعالي
وتركتْ لنا الفظاظة
تتسكّع في الشارع
كدعابات قديمة
يُطلقها
بائع التوابل العجوز

Mohammad Al-Domini / Sylvia Geist

Alte Sonne

Sogar die Sonne ist in die Jahre gekommen.
Lange her, ihre Tête-a-têtes mit mir,
oder dass sie von den Liebespärchen wusste,
die man aus den Maisfeldern jagte.
Abgeblüht, über uns
versunken, hinterließ sie uns bloß
die Schatten in den Straßen, hart
wie die Geschichten,
von denen der alte Gewürzhändler faselt

سيرة

(1)
وِلدتُ في حضن ينبوع
وها أنا من حضنه أسيل

(2)
أقدامٌ، وبنادق، وتمائم
توَجّسْني فتى المنزل الكبير
الرماة يحرسون المنحدر، والأرائك
وأنا أتجرّع خيبة القياصرة
لم أستيقظ
من كابوسك الوحيد .. يا أمّاه
إني
فتىً أتهدّم

(3)
من هذه الرماح المغروسة في المخيّلة
دجّنت أيائلي،
ورشقتُ أحلامي على الآفاق،
تَقطف، وتصفّق، وتُرعد
وتؤثّث خيمةً لمديحي
لا أنصب فخاخاً لرعيّتي
ولا أدجّج جنديْ

الله
كفيلٌ
بهذه المهزلة !

Mohammad Al-Domini / Sylvia Geist

Lebenslauf

I.
Ich lag meiner Quelle im Schoß,
bis ich abfloss.

II.
Ausstaffiert mit Stiefeln, Gewehren, Amuletten
gab ich den Prinzen ab im Haus des Dorfvorstehers.
Meine Leibgarde bewachte Hang und Divan,
und ich, schon mit dem Geschmack
von Cäsars letzter Enttäuschung auf der Zunge,
wachte einfach nicht auf
aus deinem Traum von mir, Mutter,
ein Pappkamerad von Prinz, zusammengeklappt.

III.
Doch diese Vorstellungen wurden meine Waffen,
phantastische Zügel, die ich meinen Hirschen anlegte.
Ich schleuderte meine Träume in den Horizont,
prasselnde, donnernde Saat und
Zelt, das sich aufschlug für mich.
Patrouillen, Kontrollen,
Bewaffnung der Soldaten -
zum Kuckuck damit.

Sylvia Geist

Spin

*Plötzlich war es mir gleichgültig,
ob ich modern war oder nicht.*
Roland Barthes

Weder noch, man sagt wohl, weiß der Himmel
heute wieder. Tinte, die die Hitze liest und löscht.

Im Grunde fehlt ihm nichts, so wie wir
an ihm hängen, an Erinnerungen, schon unähnliche

Bilder auf Reisen. War es in Patagonien
wo ein Albatros Prophet hieß, aschen

sein Gefieder in Feuerland? Die ausgebrütete
Ordnung im Winkel: das Firmament

einer Fliege, Taue und Tau, und die Taube, gefaltet
und fallend aus demselben Raum, brachten wir

nicht zusammen. Wir lasen sie auf, von der Luft
enttäuscht. Siehe oben. Eine Karte, täglich retourniert.

Sylvia Geist / Mohammad Al-Domaini

نسجٌ

" فجأة تَساوى لديّ الأمران،
أكنتُ حداثيًا أم لا"
رولان بارت

لا هذا ولا ذاك، يقالُ ثانية، علمُها في السماء،
مدادٌ، يقرأه القيظ ويطفئه.
وسماءٌ لا شيء ينقصها، إننا نتعلق بها،
وبمخزون ذاكرتنا عنها، لا شيء يشبهها

صورٌ في سفرا!
هل حدثتَ في بتاغونيا حيث اسم طائر القطرس نبي؟
ريشُه بلون الرماد فوق أرض النار؟
نسجٌ من بنات الخيال: قبةُ سماء ذبابةٍ،
شبكةُ عنكبوتٍ وندى،
والحمامة تلتفّ وتسقط من الغرفة السماوية ذاتها
لكن لا خيط لدينا يجمع شملها
لذا رفعناها حين سقطتْ خائبة عبر الهواء
أنظر إلى الأعلى!
رسائل يومية تذهب وتعود مغلقة.

Sylvia Geist

Manara

Drei Tage im Voraus seien die Schiffe zu sehen
gewesen – »at an ancient speed« – und alles lacht,
mit der Nachsicht der Langsamen von morgen.

Durch die Scharten strömt Mittagspech,
wer wünscht sich da nicht eine Stunde zurück,
in die Katakomben, zum gemalten Jenseits

unter Alexandria, wo die Seelen Vögel
kurz vorm Abflug bleiben, solange die Farbe hält.
Stufen, Stufen, das Fresko der Kletternden

aufatmend, die kahle Wand des Himmels,
dem plötzlich ein Sperling entkommt.
Abgefeuert von der Feder eines Zufalls,

der ihm die Flügel an den Körper heftet,
als er die handschmale Schneise passiert,
so stürzt er in den Turm, und unsicher,

was tröstlicher wäre, irgendein Mut oder
die Einsicht, dass er nicht weiß, wo er ist und was
er hier tut, bewege ich mich, beweg ich mich nicht.

Sylvia Geist / Mohammad Al-Domaini

المنارة*

قبلَ وصولها بثلاثة أيام كانت السفنُ
- بسرعة الزمن الغابر - تُرى عن بعد
فيضحك الجميع متسامحاً مع جيل الغد
الذي سيهزأ من بطننا

عبر الكوّة يعصف قطران الظهيرة،
من ذا الذي لا يتمنى أن يعود ساعة
إلى سراديب الموتى
حيث الآخرة مرسومة تحت أحجار الإسكندرية،
وحيث الأرواحُ طيور
توشك أن تحلّق
لتنمحي آخر ألوانها

صعدنا المنارة درجة، فدرجة،
كنا أشبه بمتسلّقي لوحاتٍ جصيةٍ
تنفسنا الصعداء، ونحن نبلغ قبة السماء الجرداء،
فجأةً .. عصفورٌ دوري،
ينجو وكأنما قذفته يدُ صدفةٍ ما،

لاصقاً أجنحته بجسمه،
ها هو يعبرَ ممرّاً بعرض الكف،
ويهوي في خلاء البرج.

أتساءل غير متأكد، عما هو أكثر مواساةً،
أهي جرعة الشجاعة أم البصيرة
بأن الطائر لا يدري أين هو
وكيف بلغَ هذا المكان..

ترى هل أمضي
أم أبقى مسمّرة في مكاني؟.

- كتبت هذه القصيدة في مدينة الاسكندرية بمصر، بعد زيارة لمنارتها الشهيرة

Sylvia Geist

Iridium

einmal angenommen
es ginge um etwas anderes. es ginge seltener
als gold um selteneres als das um etwas worin
    man es aufbewahrte wäre es nicht widersinnig gold aufzubewahren
in seltenerem als gold. es ginge nur einmal
    angenommen um kugelschreiber sonnenbrillen federn in mechaniken dinge
    so wenig selten wie wasser oder licht widersinnige
    dinge die es in sich haben spuren sind
von seltenem ohne dass man es wüsste dinge
    die nicht enttäuschen nur entzweigehen können
und trotzdem

aufbewahrt würden
weil sie nicht selten nur geschenke wären wie
momente zwecklosigkeiten die man einmal angenommen behielte spuren nicht
    von momenten oder eines seltenen moments vielmehr von viel
mehr weil sie seltenes nur keinen einzigen moment
    aufbewahren angenommen es ginge einmal um gar keinen
    seltenen moment noch um die unabsehbar vielen einzigen
    momente nur um das viele eines unabsehbaren moments
einen den man wenn man ihn behielte wieder
    erhielte weil er einen bewahrte wie nicht
seltene dinge

selteneres aufbewahren
können kugelschreiber sonnenbrillen spuren davon sind federn sind
einer mechanik seltener als gold und es ginge nicht
    wieder wie in dem moment als man einmal eintrat

Sylvia Geist / Mohammad Al-Domaini

إريديوم*

لنفترضَ مرة
أن الأمرَ يتَعلقُ بشيء آخر
يتَعلق بما هو أندر من الذهب
أندر من أن يُحتفظ به في شيء ما

أليس مجافيًا لكل عقل
أن نحفظ الذهب
في خزانةٍ صُنعت من مادة أبخس من الذهب؟

المادة النادرة تكمن في قلم حبر
في نظارة شمسية،
في نابض آلة
أشياء ليست نادرة،
تَشبهُ الماء، أو الضوء
عنصران يحتويان على شذراتٍ نادرة
دون أن نعرف

عناصر يمكنها أن تنشطر أيضا
ورغم ذلك يجري خزنُها
ليس لأنها نادرةٌ فقط ، بل لأنها تصبح هديةً
كاللحظات التي بلا غاية
يقبلها المرءُ ويحتفظ بها
لا كلحظاتٍ نادرة
بل أكثر من ذلك
إنها اللحظات التي لا يمكن الاحتفاظ بها ...

لنقل مرة أخرى
أن الأمر لا يتعلق بلحظة نادرة
ولا باللحظات الكثيرةِ المنذورةِ لأجل غير مسمى
بل بلحظةٍ أكثر غنى ..
لو اختزنها المرء في ذاكرته
لاستعادها متوهّجة بكامل ألقها ..

Sylvia Geist

in eine nicht so seltene zone aus wasser
    und licht wo man es nicht mehr sah
    nur wusste man wäre angenommen nicht selten nur
    feder in einer mechanik die einen behielte weil
man es in sich hätte sich zu bewahren
    einzig weil sie einen enthielte ginge es
einmal anders.

Sylvia Geist / Mohammad Al-Domaini

هكذا يمكن للأشياء غير النادرة
أن تحتفظ بما هو أندر منها ...

هكذا إذن يختزل
قلم حبر أو نظارة شمسية أو نابض محرك
عنصراً هو أندر من الذهب.

تماماً كما لو كنتَ في منطقة من ماء وضوء
لنقل أنها (قوس قزح)
حين تكون في وسطه
لا تعودُ تراه

كان يعرف أنه قبل ليس لندرته
بل لأنه ينبض في آلة
تشحذ طاقته
وفقط لأنها احتفظت به
سيكون الأمر مختلفاً
هذه المرة

* الأريديوم معدن وعنصر من عناصر الجدول الكيمياني

Tugenden des Schmuggels
Mohammad Al-Domaini (Saudiarabien)

Stehen irgendwelche Absichten hinter dieser wechselseitigen Reise des Gedichts (vom Arabischen ins Deutsche und umgekehrt) in unser beider Gedächtnisse, unser beider Sprachen und in der Nährung unser beider Vorstellungskraft?

Es scheint, als sei dieser Workshop, der dem Versschmuggel gewidmet war, in der einen oder anderen Weise die Antwort ...!

Es ist merkwürdig, wie ein solches Lyrikprogramm zwei Dichter zusammenbringt, die zwei schwierigen Sprachen angehören, ohne dass sie die Sprache des jeweils anderen sprechen, damit sie – über einen Sprachmittler – über die feinsten Details sprechen, die sich hinter ihren Texten verbergen. Trotz der Schwierigkeit erreichen sie einen ästhetischen Zwischenraum, in dem und durch den ihrer beider lyrischen Schöpfungen miteinander kommunizieren. Sie schreiben ihre Poesie von Neuem, im Lichte der ästhetischen und semantischen Erfahrungen, die sich durch ausschweifende, sezierende Touren in den unbekannten Weiten dieser Texte enthüllen.

Und während der Dichter seinen Freund von Neuem liest, liest er seine Texte auch mit einem anderen Blick, der nicht unbedingt den Räumen, den Absichten und Bezügen des Gedichts entspricht, ihm aber zuweilen verborgene Bedeutungen seines Textes aufzeigt, an die er selbst nie gedacht hatte, oder Leben, von denen er dachte, sie hätten ihn schon im Vorfeld verraten. Gleichzeitig enthüllt dieser Blick versteinerte Ufer in seinem Gedicht und reißerische Bedeutungen, die keine Fantasie erwecken. Im Laufe meiner Annäherung an das Gedicht meiner Partnerin, der Dichterin Sylvia Geist, war ich besessen davon, einen Text zu lesen, der mir hartnäckig widerstand, der meine Überzeugungen erschütterte und das zerstörte, was ich in meinen Gedichten aufzubauen versuchte; davon, einen anderen Kontext für die Rolle der Sprache im Text zu sehen, und auch eine andere Art zu erleben, wie der Dichter seine Schöpfungen jagend erlegt.

Vielleicht war es also einer der wenigen Momente, in denen ich entdeckte, wie die Lyrik an den Rand des Wissens und der nackten Vokabeln gelangte, in dem Bemühen, die chemischen Formeln im Herzen des Gedichts herauszufinden. Ich entdecke bei Geist die Tendenz, sich vom Vokabular traditioneller Dichte und semantischer Abschirmung abzuwenden und sich dem zuzuwenden, was zeitgenössisch ist ... lebendig ... chaotisch ... und im alltäglichen Blickfeld. Doch all dies macht die schwierige Aufgabe nicht einfacher, die in der Übertragung von sehr spezifischen Texten in eine andere Sprache liegt.

Für mich bietet dieser Workshop einen möglichen, nicht unbedingt idealen, Vorschlag für den literarischen und ästhetischen Austausch, den kulturellen im weitesten Sinne, zwischen zwei Literaturen, die zwar dieselbe internationale Botschaft in sich tragen, sich jedoch in den Komponenten ihrer Produktion und in den räumlichen und sozialen Sphären unterscheiden. In mancher Hinsicht scheint er mir wie eine herzliche Antwort auf den Virus des elenden Kampfes der Kulturen. Er bietet einen einfachen menschlichen Beweis dafür, dass literarische Texte und ihr Austausch in der Lage sind, unsichtbare, aber ausreichend solide Brücken zu bauen, um die menschliche Erlösung durch einen Schwarm von Wörtern und Vorstellungen zu begründen, die man nicht ins Gefängnis stecken kann ...!

Sylvia Geist

Eine Übersetzung ist ein „Übersetzen" von einem Sprachufer zum anderen. Diesmal, in der Zusammenarbeit mit meinem saudi-arabischen Kollegen Mohammed Al-Domaini, bedeutete es noch mehr. Mehr auch, als etwas von der Kultur und der Lebenswelt hinter oder vielmehr in der anderen Sprache zu erahnen. Um im Bild vom Übersetzen von einem Ufer zum anderen zu bleiben: nicht allein das einzelne Gedicht, auch diese andere Stimme wurde zur Fähre, die weit mehr Fracht transportierte als Form, Wortlaut und -bedeutung. Denn nach Jahren, in denen ich die arabische Sprache vornehmlich in Fernsehreportagen, kurzen Nachrichtenfetzen gehört hatte, als Klang, der mir kaum anderes vermittelte als Fremdheit und meine eigene vage Furcht vor dem, was sich in solchem Kontext an Vorstellungen von der arabischen Welt vermittelt, nach dergleichen distanzierenden Eindrücken also kam mir nun etwas nahe. Die Gedichte Mohammed Al-Domainis erzählen von der Fremdheit in ungewählten, zu ertragenden Lebensumständen, sie sprechen nicht zuletzt von einer Trauer und von Verlusten, die zwar unter ganz bestimmten Bedingungen entstanden sind, mir, wie jedem Menschen, ihrem Wesen nach jedoch vertraut sind.

Unter rationalen Gesichtspunkten wäre es nicht der Rede wert, unter emotionalen aber drehte sich ein Turm. Ich war gern nach Berlin gekommen, mit Vorfreude, Spannung - und mit Skepsis. Wie würde sich die Zusammenarbeit mit einem Araber gestalten, mit einem Mann aus einer Welt, in der wir keine Minute allein in einem Zimmer hätten sitzen dürfen? Den Augenblick, in dem es mir klar wurde, kann ich nicht genau benennen, vielleicht sickerte sie im Lauf der Woche durch wie das Tageslicht, von dem Mohammed in einem seiner Gedichte spricht, die Empfindung - und das Wort steht hier für das Gegenteil von Vagheit - dass ich den Wunsch nach Freiheit und Selbstverwirklichung nicht gepachtet habe, weder als Europäerin noch als Frau, kurz, dass es etwas zu teilen gibt, unabhängig von der Gestalt, die wir unseren Träumen (oder Utopien) geben.

فضائل التهريب
محمد الدميني

هل هناك أية مقاصد لهذه الرحلة المزدوجة للقصيدة (عربية وألمانية، وبالعكس) في ذاكرتينا، وفي لغتينا، وفي تغذية مخيلتينا ؟
تبدو هذه الورشة التي سخرت لتهريب الشعر ، وكأنها الإجابة على نحو ما !.
الغرابة هنا أن برنامجًا شعرياً كهذا يجمع شاعرين ينتميان إلى لغتين عسيرتين، دون يتقنا لغتي بعضهما، لكي يتحدثا - عبر وسيط لغوي - عن أشد التفاصيل التي تختبئ وراء نصوصهم. ورغم هذا فإنهما يبلغان برزخاً جمالياً تتواصل فيه، وعبره، كائناتهما الشعرية، ويعيدان كتابة قصائدهما في ضوء خبرات جمالية ودلالية تتكشف عبر جولات مسهبة وتشريحية في مجاهل تلك النصوص.
وفيما يعيد الشاعر قراءة رفيقه فإنه يقرأ نصوصه أيضًا عبر عين أخرى، لا تتواطأ معه بالضرورة على فسحات ومآلات ومرجعيات قصيدته، ولكنها تكشف له أحيانا عن بواطن في نصه لم يتقصّدها، وعن حيوات ظنّ أنها قد غُدر بها سلفًا، وفي الآن نفسه تكشف عن ضفاف متحجّرة في قصيدته وعن معان فاقعة لم تثر خيالاً.
عبر اقترابي من قصيدة شريكتي، الشاعرة سيلفيا غايست، كنت مهجوسًا بأن أقرأ نصاً يقينياتي، يخضّ يقينياتي، ويطيح بما حاولت أن أعمّره في قصيدتي. أن أرى سياقاً مختلفًا لدور اللغة في النص، وأن أخالط كيفية مختلفة لاصطياد الشاعر لكائناته.
لعلها، إذن من المرات القليلة التي أكتشف فيها بلوغ الشعر حافة العلم ومفرداته الجرداء، واجتهادًا لاستبطان رموز كيميائية في قلب القصيدة. أكتشف لدى غايست انزياحاً عن المفردات ذات الكثافة التراثية، والتمترس الدلالي، ونزوعًا نحو ما هو عصري .. حيّ .. وفوضوي .. وفي مرمى النظر العادي. لكن كل هذا لا يخفف من المهمة العسيرة الكامنة في نقل نصوص شديدة الخصوصية إلى لغة أخرى.
بالنسبة لي فإن هذه الورشة تقدم اقتراحا ممكنًا، ليس مثالياً بالضرورة، للتبادل الأدبي والجمالي، والثقافي بصورة أشمل، بين أدبين يحملان الرسالة الأممية ذاتها لكنهما يختلفان في مكونات صنعتهما وفضائنهما المكاني والاجتماعي. على نحو ما، تبدو لي وكأنها رد حميم في فيروس صراع الحضارات البائس. إنها تقدم برهاناً إنسانياً بسيطاً على أن النصوص الأدبية وتبادلها قادرة على بناء جسور غير مرئية، لكنها صلدة بما يكفي، لتعميد الخلاص الإنساني عبر سرب من الكلمات والخيالات التي لا يمكن اعتقالها ..!

سيلفيا غايست

الترجمة هي فعلُ نقل من ضفة لغةٍ إلى أخرى، لكنها اتخذت معنىً إضافيًا هذه المرة مع زميلي السعودي محمد الدوميني، أيضًا معنىً أكثر من المعرفة بشيءٍ من الثقافة وعالم الحياة الكامن خلف اللغة الأخرى أو الكامن في الأخرى فيها. ولمتابعة فكرة النقل من ضفةٍ إلى أخرى، ولا أقصد هنا القصيدة المفردة فحسب، بل هذا الصوت الآخر الذي بات عُبارةٌ تحمل شحنة تفوقُ الشكل والنص والمعنى. فبعد سنوات من سماعي للغة العربية عامة عبر التقارير المتلفزة وشذرات الأخبار القصيرة، التي كان وقعها بالكاد يشي بغير الغرابة وخوفي الغامض من ما يُستعرض من تصورات عن العالم العربي في سياقات كهذه. بعد هذه الانطباعات التي توّلّدُ مسافة قاربني شيءٌ ما. قصائد محمد الدوميني تحكي عن الغربة في ظروف حياةٍ مُثكُيّدةٍ لم يتم اختيارها، كما تحكي عن الحزن والخسارات التي تنشأ عمليًا في ظل شروطٍ محددة، لكن جوهرها ما ألوفٌ لي ولكل إنسان.
ليس مدعاةٌ للحديث من منظور عقلاني، لكن من منظور وجداني انقلب القلم. كنت قد أتيت إلى برلين بسعادةٍ مسبقة وتوتّر وتوجس. أتساءلُ كيف سيكون شكل العمل مع عربي، مع رجل آتٍ من عالم ما كان لنا أن يسمح لنا بالمكوث في غرفة بمفردنا؟ لا أدري متى أدركت ذلك بوضوح. ربما رشحت تلك اللحظة أثناء اللحظة كون النهار الذي يتحدث عنه محمد في إحدى قصائده، لحظة إحساس (استخدم الكلمة هنا كنقيض للمبهم الغامض) بأنني لم أطوّب التوّق للحرية وتحقيق الذات لنفسي، لا بوصفي أوروبية ولا بوصفي امرأة، باقتضاب، إحساس بأن هناك شيئاً نتقاسمه بغض النظر عن الشكل الذي نمنحه لأحلامنا (أو خيالنا).

Mohamad Al-Harthy / Ron Winkler   محمد الحارثي / رون فينكلر

اعتذار للفجر

بتفصيلٍ غير مرغوبٍ في صَنعةِ الشعر؛
أحبُّ ذِكرَ الأوقات في القصائد:
كالنهار والليل، الصباح والمساء، قيلولةَ
الظهيرةِ وما تلاها..

لكنني أنسى الفجرَ دائماً
كما أنسى أنَّ عليَّ حَمْلَ صخرةِ سيزيف
(الباليةِ لكثرةِ دَحْرَجَتها في الكُتُب)
أنساهُ للأسف، رغم أنهُ دليلي
إلى بيت أكثرَ من قصيدٍ في قلبِ الصَّخرةِ
حيثُ تصحو العصافيرُ على إفريز النافذة
مُهاجرةً بأصواتها من غُصنٍ إلى غُصن
كما لو من قارَّةٍ إلى أخرى، من غُصنٍ إلى غُصن
بين مَعزوفةٍ وأخرى
في قلبِ الصَّخرةِ، تقولُ لي
(وأنا عائدٌ من المطبخ بالبسكويتِ وكوبِ الشاي)
طائرةٌ في الهواء، أو وهيَ تَنقُرُ الحَبَّ على الإفريز
في قلبِ الصَّخرةِ، في قلبِها تقولُ لي:

أوقفْ كونشرتو البيانو هذا..
واعتذِرْ إلى الفجر بقصيدة
سنُمطِرُكَ بالموسيقى، وسنُلهِمُكَ القافيةَ.

Mohamad Al-Harthy / Ron Winkler

entschuldige dich beim frühlicht

mit einer in der lyrik nicht gerade erwünschten genauigkeit
liebe ich es, in meinen gedichten die zeiten zu nennen:
also den tag und die nacht, den morgen oder den abend, die mittagsruhe
und so weiter ...

doch immer wieder vergesse ich das frühlicht,
so wie ich vergesse, dass ich den fels des sisyphos zu bewältigen habe
(der stark ramponiert ist, weil man ihn ständig durch bücher wälzt),
ich vergesse den anbrechenden morgen, leider, obwohl
er mich zur lyrischen quintessenz im innern des felsens führt,
wo auf dem fenstersims die vögel erwachen
und dann mit ihren stimmen von ast zu ast ziehen,
so ähnlich wie von kontinent zu kontinent eben von ast zu ast,
zwischen einem musikstück und dem nächsten.
sie sprechen zu mir, aus dem innern des felsens heraus
(während ich mit keksen und einer tasse tee aus der küche komme),
während sie fliegen oder körner vom fenstersims picken.
aus dem innern des felsens, aus seinem innern heraus sagen sie:

stell endlich die musik ab
und entschuldige dich mit einem gedicht beim frühlicht,
wir werden dich mit melodien versorgen und dich zu einem metrum
führen.

كلمات صاحب الحانة المُقترحة
على حافة الصحراء

هنا الضحِكُ، هنا البَدويَّاتُ
هنا الماءُ القراحُ والكُحُولُ، تلك صحراء خارج الباب..
هذا نمرٌ ورقيٌّ يَتبخترُ على الطاولةِ
(كما لو كان في الغابة، ينامُ كما لو كانَ في العرين)
في الظهيرة أو في الليل، على جَمَلٍ أو شاحنةِ جُنودٍ،
صاحين كُنتم أم سُكارى..
أناملي صدُوقة كهذا الرَّمل في فاتورةِ الحساب
وكلماتي..
عندما تتناولون العشاءَ، عندما تُهشِّمُون نظرةَ النمر
بالشوكةِ والسِّكين
ثم تُدوِّنُونَ صَوتَ الصحراء في آذانِكم —
كلماتي فقط
هي ما تُصغْون إليه في المَرَّاتِ القادِمة.

Mohamad Al-Harthy / Ron Winkler

worte des besitzers des am rande der wüste geplanten pubs

hier ist das lachen, hier die beduininnen,
hier reines wasser und alkohol, im gegensatz dazu draußen
die wüste ...
hier auf dem tisch ein tiger aus papier, majestätisch
(als würde er im dschungel sein, in seiner höhle schlafen).
ob es nun mittag ist oder nacht, ob ihr mit kamelen oder truppentransportern
gekommen seid, nüchtern oder bereits betrunken ...
meine finger sind ehrlich, verlässlich wie der sand auf dieser rechnung hier,
und ebenso, was ich sage ...
ihr verspeist, was aufgetischt ist, erlegt mit eurem besteck
den blick des tigers
und fangt in euren ohren den klang der wüste ein,
aber allein nach meinen worten
schleckt ihr euch bis zum nächsten mal eure zehn finger ab

لعبة لا تُمَلْ

عجيبٌ أمرُكَ يا صاحبي وغريب...
فأنتَ لم تلعبْ كُرَةَ القدم
حتى في المدرسة كسائر التلاميذ
ولم أركَ إلا هارباً من كؤوس العالم
المُعشبَةِ على الشاشة
إلى فيلم بالأبيض والأسود
غير عابئٍ، لا بالمانشسترَ يُونايتدْ
ولا مُنتخب البرازيل
بل إنكَ لم تُشجِّع حتى فريقكَ الوطني
(على قِلَّةِ كؤوسِهِ المُترعَةَ..)

وفي المعركةِ، في المعركةِ الحاسمَة
جَندَلْتَ أوفى جُنودِكَ
بحَرَكَةٍ غير مَحسوبةٍ من حصانكَ
كانَ مُقدَّراً لها أنْ تدُكَّ قلعة المَيْمَنة
تَماماً كما لم تهزم بجيشكَ الجَرَّار
ذلكَ الملكَ الغاشمَ على ساحَةِ الشطرنج.

وأخيراً، يا صاحبي، لم تفعلْ شيئاً سوى
رَهْن أراضيكَ وعماراتكَ قبلَ إعلان
إفلاسكَ الشهير على رُقعَةِ المُونوپوللي.

معَ ذلك، لا تَمَلُّ من مُتواليَةِ الهَزائم
وها أنتَذا في أوقات فراغِك
(التي تزدادُ يوماً بعد يوم)
تُجرِّبُ اللعب مع الكومپيوتر الذي
لم تُناسبكَ من بين ألعابه المُدهشة
سوى لعبةٍ واحدةٍ:
كتابةِ هذه القصيدة.

Mohamad Al-Harthy / Ron Winkler

das spiel, das nicht langweilig wird

seltsam ist das mit dir, mein freund, und fremd ...
denn noch nie hast du fußball gespielt,
nicht mal an der schule, so wie es alle anderen taten,
auch vor den wild wuchernden
live-übertragungen hast du dich immer verkrochen
bei irgendeinem schwarz-weiß-film.
keine noch so große begegnung konnte dich aus der reserve locken,
ob nun ManU spielte oder die Seleção.
nicht mal die eigene nationalmannschaft löste was bei dir aus
(trotz ihrer kargen zahl an dürren pokalen ...).

und in der schlacht, der entscheidenden schlacht,
killtest du den treusten deiner soldaten
durch eine unmotivierte aktion mit deinem pferd,
das eigentlich die rechte seite des gegners hatte pulverisieren sollen,
so wie du auch trotz einer riesigen streitmacht
den feindlichen könig nicht in den griff bekamst, auf dem schachbrett.

zu guter letzt, lieber freund, blieb dir nichts anderes übrig,
als deinen straßen und häusern hypotheken zu stiften,
bevor du dann doch in konkurs gehen musstest in der welt des Monopoly.

aber keine der ständigen niederlagen kann dir die laune verderben,
und so findet man dich in deiner freizeit
(die von tag zu tag größeren raum einnimmt)
nun vor dem computer, von dessen echt guten spielen
dir aber keins besser gefällt
als eines:
das schreiben genau dieses gedichtes hier.

Ron Winkler

Gizeh mon amour
für Christiane Wohlrab

die Pyramiden scheinen
einem Lehrbuch über Ästhetik entnommen.
fliegende Händler bieten Begriffe
zur Bewältigung ihrer Schönheit an.
die Hieroglyphe für Stoizismus
muss ein Kamel sein.
zwangsläufig erliegt man nach kurzer Zeit
der Heliopunktur der Sonne.
für andere alte Götter ist Entree
zu entrichten. die Sphinx
vermittelt möglicherweise
ein ganz falsches Bild.

Ron Winkler / Mohamad Al-Harthy

الجيزة يا حُبَّي

إلى كريستيانه فولراب

الأهراماتُ تبدو كما لو أنها مُستلّة
من كِتاب مَدرسيٍّ مُختصٍّ بعلم الجَمَال.
باعة مُتجوّلون يَعرضون مُصطلحاتٍ
للتَّغلُّب على جَمَالِها.
هيروغليفية الزُّهد
قد تكون جَمَلاً.
بعد فترة قصيرة
لا مَفرَّ مِنْ سُقوط المَرء صَريعاً
لوخز الإبَر الشمسيَّة الحارقة.
لكنهُ -مع ذلك- مُغتبطٌ فيما يَدفعُ
رَسمَ الدُّخول لرؤية آلهة قديمة.
ومَنْ يدري؟..
فربَّما كان أبو الهول يُقدِّم
صُورة خاطئة.

Ron Winkler

Geweiharchiv

meine Eltern schlugen häufig das Buch
der leisen Streite auf. meist ging ich
in einem solchen Fall mit einem
der drei Hunde meiner Kindheit spazieren.
sie jaulten ganze Idyllen zusammen.
die Schwester spielte Großmutter und hörte
schlecht. die Großmutter selbst hörte gut,
galt aber praktisch als ständig verreist in die Welt
der Walzer. Großvater war bereits
sein eigenes stilles Buch. man las es
aus Fotoalben zusammen. das waren Nachmittage
schwer und verraucht wie die Brokatvorhänge
der *guten Stube*. grünkohlgrün mit goldener Borte:
jeder Gast lobte die Wahl, dann den Likör.
Besuche waren *Friedensfahrten*, man übte
Philanthropie und Freiheit: hier spielten Geweihe
die Rolle der Großen Vorsitzenden an der Wand.
nach der Schule begann das Bewusstsein
als Testbild (*zweites Programm*), es beruhigte,
wenn die Schwester einen ihrer Pickeltode starb
oder Großmutter den Plattenspieler
auf Tango beschleunigte. ich erntete Kleingeld
von ihr, für meine Geduld, und Pralinen.
erst verabscheute ich sie, später waren sie mir
die süßen Zweigstellen des Stammbaums.
sie ließen die Zunge fliehen.

أرشيف القرون

كثيراً ما فتح والداي كتاب
المُشاحنات الخافتة.
لكنني كثيراً ما كنتُ أذهب
في حالات كهذه للتجول مع أحد كلاب
طفولتي الثلاثة.

Ron Winkler / Mohamad Al-Harthy

كلابها التي كانت تَعوي، على التتالي، لتهشّمَ
أناشيد ريفيَّة كاملة.
أختي كانت تلعبُ دورَ جَدَّتي
حين تَدَّعي أنها ضعيفة السَّمع
جدَّتي نفسها كانت تسمع جيداً
لكننا اعتبرناها صمَّاء، لأنها كانت
غارقة في عوالم مُوسيقى القُدَّاس.
أما جَدّي فقد كان بالفعل كتاباً صامتًا
بإمكان المرء قراءته من ألبومات
صُور العائلة.
كانت ظهيرات ثقيلة عَابقة بالدُّخان
كسئائر المَجلس الخضراء كالكرنب
بحوافها الذهبيَّة:
فكل ضيف كان يَمتدحُ
ذوقَ اختيار الألوان، كما يمتدحُ عَتاقة
المُهضّم الكُحُوليّ.

تلك الزيارات كانت رحلات سلام
كانوا، في الحقيقة، يتمرَّنون على
مَحَبَّة الإنسانية والحُريَّة:
هنا لعبَتْ قُرُونُ الطَّرائد
دور الرُّوساء الكبار على الحائط.
إذ يبدأ الوَعيُ الحقيقيُّ بعد المدرسة
في الخطوط العمودية لقُزَح ألوان
ما قبل البَثّ في (القناة الثانية).
كان مُريحاً، بالنسبة لي، أن تموت أختي
أكثر من مَرَّة كُلما ظهرت بثرةٌ جديدةٌ
على وجهها، أو أن سُرِّع الجَدَّةُ مُشغلَّ الاسطوانا
على إيقاع التانغو.
كنت أحصد منها لصَبري العُملات الصغيرة
والحلوى التي كنتُ أحتقرُها في البداية..
لاحقًا، أضحت تلك الحلوى ذكراي الطيّبة
من الفروع الحُلوة لشجرَة العائلة.
فقد أتاحتْ تلك الحلوى للساني أن يُفلتَ أخيراً.

Ron Winkler

Fotomahlzeiten

Silbergeschirr war das Zaumzeug
des Sonntags, aus der Küche kamen
dampfende Speisen, aus Liebe
Servietten, nichts war uns so nah
wie der Tisch, der den Fortbestand
sicherte. geschlossene Hände beteten
unter ihm hungrige Magerunser,
echtes Stallfleisch, *pure Brust*,
zum Abschluss ging es immer
ans Eingemachte, die *privaten Pflaumen*
nach vorwiegend volkseigenen Kartoffeln:
kein Satz war so sauber
geschält, auch wenn die Gespräche
glänzten wie der Foto-
Vater in seinen besten Jahren;
nie zu verhindern am Ende
der Magenbitter einer Müdigkeit
wie von Eulen gemietet.

Ron Winkler / Mohamad Al-Harthy

وجبات مُصوَّرَة فوتوغرافيًا

الطقمُ الفضيُّ كان دائمًا اللجامَ المُحَدِّدَ لطقوس
يوم الأحد، من المطبخ جاءت أطعمةٌ
يتصاعد منها البُخار، فُوَطُ سُفرَةٍ منسوجةٍ من الحُبّ،
ولم يكن ثمة شيء أقرب إلينا
من المائدة التي ضَمِنَت وتيرة الاستمرار.
أيادٍ مَضمُومَة تُصلّي ضارعَة تحتها صلواتٌ جائعةٍ.
لحمُ زرييةٍ حقيقيّ من مزارع التسمين، لحمُ صدرٍ خالص.
في النهاية تَمَحورَت المسألة حول الفواكهِ
المَحفوظة، في برقوق حديقتنا — بعد البطاطس
التي كان مُعظمها مُلكًا للشعب:
لم تكُنْ هُناك جُملة مُفيدَة مُقشَّرَة بمثل هذه النظافة
وإن لُمِّعَتْ أحاديثُ السَّهرة لتبدو مثل صُورة الأب في شبابه.

ما لم يتَمكَّن أحدٌ من الحيلولة دون وقوعه
في نهاية المطاف؛ هُو أنَّ العَرَق المُهضَّمَ لتَعبٍ
بدا كما لو أنَّهُ استَوجرَ مِنَ اليُوم.

Poesie aus einer Sprache übersetzen, die du nicht beherrschst
Mohamad Al-Harthy (Oman)

Nie hätte ich gedacht, dass ich mich einmal als Übersetzer wiederfinden würde, noch dazu beim Übersetzen von Lyrik aus einer Sprache wie dem Deutschen, die ich gar nicht beherrsche. Doch es ist eine Tatsache, und eher noch ein Wunder, welches sich durch die Literaturwerkstatt Berlin verwirklicht hat.
Mein Partner im Projekt der gemeinschaftlichen Übersetzung war der deutsche Dichter Ron Winkler, und wir hatten das Glück, dass Gerd Himmler unser Vermittler war bei der Übersetzung unserer Gedichte zwischen den beiden Sprachen: Arabisch und Deutsch.
Die Übersetzungssitzungen waren ein breites Tor zum persönlichen Kennenlernen in ausufernden Gesprächen über die beiden Kulturen. Einzigartige Anekdoten über die großen Namen der Poesie in beiden Sprachen folgten aufeinander, ohne jedoch etwa mit al-Mutanabbi zu beginnen und mit Goethe zu enden.
Es war eine erfreuliche und äußerst reiche Erfahrung, die uns die Literaturwerkstatt Berlin ermöglichte. Ron Winkler und mir gelang es, unsere Gedichte mit pulsierendem poetischem Geist im Herzen der jeweils anderen Sprache zu übersetzen. Es gelang uns wirklich, obwohl ich die deutsche Sprache nicht beherrsche und er nicht die arabische.

Ron Winkler

Das Element des Übersetzers ist das Wortfeld. Es hat einen Horizont, der wie jeder gute Horizont kein Horizont ist, demnach jedoch ein Horizont. Oder?
Sein Element oszilliert – zwischen Horizont und Nichthorizont und all den anderen Nichthorizonthorizonten.
Manchmal sieht man den Übersetzer dort stehen und das Horizontelement betrachten. Er hat einige Werkzeuge parat, deren Namen ihm nicht bekannt sind und die er deshalb so nennt, wie es ihm angenehm und angemessen erscheint. Impulspflug und Vermutungsrelativierer, dazu die Maßschneide, einige Sinnstreifen und etwas Zwitterschmiere. Unter anderem.
Und manchmal ist es Dezember und ist es Berlin, wenn der Übersetzer neue Wortfelder zu beernten hat. Er steht dabei mitten in einem Horizont. Steht am Rand von Papier und Backsteingebäuden, steht zwischen Dichter und Dolmetscher, punktgenau auch zwischen Ehemaligkeit und Zukunft. Dreht sich eine Zigarette, dreht ein Wort in ein anderes Wort, fragt sich, wie viel Begriffe seine Sprache für »Rand der Wüste« kennt. Ihm fallen die üblichen Synonyme ein: Sandsaum und Ödnisverebbung, Duft vom Ende der Weite. Die gedrehte Zigarette gibt er dem zu »seinem« Dichter gewordenen Dichter, der sich weder auf das Wortfeld noch auf den Übersetzer reimt. Der Dichter lächelt, raucht die Tabakwüste bis an den Rand. Man versteht sich, irgendwie. Und auf dem Wortfeld keimt etwas. Irgendetwas vielleicht Genaues. Über und gegen alle Unverständlichkeiten hinweg.

أنْ تُترجم شعراً من لغة لا تعرفها
محمد الحارثي
Oman

لم أتخيّل نفسي مُترجماً، فضلاً عن ترجمة الشعر من لغة كالألمانية، لا أفقهُها. لكنها حقيقة، أقرب للمعجزة، تحققت خلال "ورشة الأدب في برلين".
كان رفيقي في مشروع الترجمة المُشتركة الشاعر الألماني رون فِينكلر، وكان من حظنا أن يكون غيرت هيملر، وسيطنا في ترجمة قصائدنا بين اللغتين: العربية والألمانية.
كانت جلسات الترجمة مدخلاً باذخاً لتعارف شخصي عبر تشعب الحديث في كلا الثقافتين، وكانت الحكايات الطريفة والفريدة عن رموز الشِعر في اللغتين تتداعى واحدة بعد أخرى؛ ليس ابتداء بالمُتنبّي، ولا انتهاء بغوته، على سبيل المثال.
كانت تجربة ممتعة وبالغة الثراء أتاحَتها "ورشة الأدب في برلين". فقد نجحنا رون فِينكلر وأنا في ترجمة قصائدنا بروح شعريّة نابضة في قلب اللغة الأخرى. نجحنا بالفعل؛ رغم عدم معرفتي للغة الألمانية، وعدم معرفته للغة العربية.

رون فِينكلر

حقل الكلمات هو عنصر المترجم. حقلٌ له أفقه الذي كل أفق جيدٍ ليس أفقا. وبالتالي أفقٌ. أليس كذلك؟
عنصر المترجم يتأرجح - بين الأفق واللاأفق وكل الآفاق التي ليست أفقا.
نراه أحياناً يقف بعاين العنصر الأفق. لديه بعض الأدوات جاهزة، لا يعرفُ أسماءها، لذا يسمّيها كما يحلو له وكما يبدو له مناسبًا. محراثُ النبض ونسبية الافتراض، إضافة إلى حزّ المكيال، وبعض شرائط المعنى وشيءٌ من تشحيم الهجين. وغيرها.
أحياناً يكون كانون الأول/ديسمبر وتكون برلين، عندما يكون على المترجم أن يجني ثمار حقل كلماتٍ جديد. يقف عندها في صلب أفق. يقف على حافة أوراق ومباني من طوبٍ مشوي، يقف بين شاعر ومترجم يقف بدقّة في النقطة الوسطى بين ماض ومستقبل.
يلف سيجارة، يلف كلمة بكلمة أخرى، يسأل نفسه: كم مصطلح تعرف لغته لـ"طرف الصحراء"؟ تَحضرُه المترادفات المعهودة: كفافُ الرمل، وانحسارُ القفر، وعِوَقُ نهاية الكون. يعطي السيجارة الملفوفة للشاعر الذي أصبح شاعر(ه)، الذي لا يكتب قافيةً على [وزن] حقل الكلمات ولا على [وزن] المترجم. يبتسم الشاعر، يدخن صحراء التبغ حتى أطرافها. هناك تفاهم، نوعًا ما، وفي حقل الكلمات ينبتُ شيءٌ. شيءٌ ما ربما محدد. فوق ما وعكس كلِّ غموض.

Mohammad Al-Nabhan / Tom Schulz   محمد النبهان / توم شولتس

Mohammad Al-Nabhan

جرس في الحائط

تَأخُذُني من كَفِّي للسّينما..
نَحضُرُ فيلماً عن فِردَوس ضَائِع
عَن حُزن صديقيْن.. وَعَن وطنٍ أوحَدَ
تَفتَحُ أزرارَ قميصي، وَتَنامُ على صَدري.
/
تَأخُذُني من جوعي لِمَطاعِمَ سِرّيَّة..
النادلُ جرسٌ في الحائط
وَالأطباقُ الصّينيَّةُ قلقٌ وَمَواعيد.
/
تَأخُذُني من قَلَقي..
لِمَساءٍ مُزدَحم بالرّقص
وَأجسادٍ تَتَمايَلُ شَبَقاً
فوقَ تَضاريس اللّذة.
/
تَأخُذُني من تَعَبي..
لِشتاءٍ مَبلول
يَتَساقطُ من عَينيْه حبيبان
يَسيحان ببَرد الشّارع.
/
تَأخُذُني من قلبي..

Mohammad Al-Nabhan / Tom Schulz

Eine Klingel an der Wand

Sie nimmt mich an der Hand ins Cinema ...
Wir sehen einen Film über ein versunkenes Paradies
Über den Zwist zweier Freunde ... über ein Vaterland, das sich vereinigte
Sie öffnet meine Hemdknöpfe und schläft auf meiner Brust.
/
Sie nimmt mich an meinem Hunger in geheime Restaurants ...
Der Kellner ist eine Klingel an der Wand
Die chinesischen Reistafeln sind Versprechungen und Sorge.
/
Sie nimmt mich an meinem Kummer ...
In einen Abend aus Schweben und Tanz
Die Körper, deren Sehnen sich spannen
Über den Falten der Lust.
/
Sie nimmt mich an meiner Erschöpfung ...
Tief in einen durchnässten Winter
Aus dessen Augen zwei Geliebte tropfen
Kristalle auf überfrierenden Straßen.
Sie nimmt mich an meinem Herzen ...

Mohammad Al-Nabhan

بلا إطار

أَطْرُقْ مسماراً في الحائط،
الحائطُ هذا الواقفُ صَمتاً،
هذا المُهْمَلُ..
-مُنذُ سِنين-
يَحلُمُ بالمسمارْ.

أطرق مسماراً في البرواز الأوّل
ينكسرُ الأوّلُ،
وَالثّاني/ الثّالثْ..
وَالصُّورَهُ، تَخرجُ من ضِلعِ البروازْ.

الصُّورةُ: عارية فوقَ الحائط
-الحائط هذا المُهمَلْ-
تحتَ المسمار تَماماً
-المسمار الصَّدِئُ-
تَنظُرُ في جِهَةٍ أخرى!

Mohammad Al-Nabhan / Tom Schulz

Das Bild, ungerahmt

Ich schlage einen Nagel in die Wand
Diese weiße, die schweigt und einfach so dasteht
Diese sich selbst überlassene ...
Seit Jahren träumt sie von einem Nagel.

Ich schlage einen Nagel in den Rahmen
Das Holz splittert, die erste Leiste
Die zweite zerbricht / die dritte ...
Das Bild springt aus dem Rahmen.

Nackt an der Wand
– Die Wand, diese sich selbst überlassene
Das Bild, schief unterhalb des Nagels
– Dieser krumme verrostete Nagel
Das Bild, in welche Richtung blickt es?

تحب التي هي وهم

المَسافةُ مَنفى..
لَنا وَجهُنا.. أو لَنا وُجهَتانا
الطَّريقُ الذي لم يَعدْ واحداً
الطَّريق/ الطَّريقان
أغيبُ شمالاً؟
وحين تَغيبُ شمالاً
أسَمِّيكَ جُرحَ الجنوب
الجنوبُ: الشَّمال.
/
المَسافةُ جوعٌ..
كم مَضى يا صديقَ الرَّغيف وحُزنَ
الأغاني.. أمازلتَ تهوى سَماعَ المَواويل:
(يا صاح أنا خوك لو جار الدهر صاحبك / سكران بمودتك..) الوَقتُ،
تعوي دَقائقُهُ السُّودُ، أمازلتَ
تَغفو على وَعدِه؟ وتَسكرُ في وتَرِ العود/ المَواعيذُ ماءٌ. وتِلكَ التي خَلفنا
لا تَفي بالوُعودِ.
/
المَسافةُ بردٌ..
وكُلُّ اللواتي / الحبيباتُ
حين تَركَّنَ على جسَدي خَيبة الثَّلج،
لم يَنتظِرنَ طويلاً.. تَزوَّجْنَ.
أنجَبنَ حشدَ صِغارٍ.. فهَل من أحبَبتكَ
غابَتْ - كِباقي النّساء؟ وهَل..
هل تَزوَّجتَ أيضاً - كَكُلِّ الرِّجال
الذين تَخونُ حبيباتُهُم؟
وأنجَبتَ؟
هل يُشبهونكَ؟
هل أنتَ أنتَ.. كما كُنتَ ماءً عَصيّاً؟
تُحبُّ التي لن تَراكَ على شارعِ
الرّيح، أو عِند ناصيةٍ
وتُحبُّ التي هيَ وَهْمٌ.. وتَقرأُ جُرحَكَ فيها
أمازلتَ تَقرأُ؟
لمَن تَقرأ الآنَ؟!

Mohammad Al-Nabhan / Tom Schulz

Du liebst die, die vor den Spiegeln sich auflöst

Die Entfernung ist ein Exil ...
Wir haben unsere Gesichter ... zwei Richtungen der Gesichter
Der Weg, der sich verzweigt
Die beiden Wege / die Wege der Wege
Ich verschwinde nach Norden
Und wenn du in einen anderen Norden abreist
Nenne ich dein Verschwinden die Wunde des Südens
Den Süden im Norden den Süden.

Die Entfernung ist ein Hungertuch ...
Wie viel Zeit ist verronnen, Freund des Brotfladens, den wir teilten
Und eine traurige Musik ... Liebst du noch immer die Gesänge des *mawwal*:
(»O Freund, dein Bruder bin ich, Berserker des Schicksals, das dich verlässt /
Trunken von einem Freundschaftsbecher ...«)
Die Zeit, ihre schwarze Stundenmutter schluchzt, und du schlummerst noch
Über dem Versprechen auf Zeit? Und berauschst dich an der Gitarrensaite.
Die Verabredungen sind Gräben aus Wasser. Die Dinge, die wir hinter uns ließen
Wissen nichts von einem immerwährenden Kalender.

Die Entfernung ist kontinentale Kälte ...
Und alle / die Hingeliebten
Die auf meinem Körper den Enttäuschungsschnee anhäuften
Warteten nicht sehr lange ... sie heirateten den Erstbesten
Sie gebaren eine Kinderarmee ... So verschwand jedes Mal
Wer dich liebte schnell – und der Rest der Frauen?
Hast auch du sie geheiratet – wie alle anderen Männer
Deren Angebetete sich hintergingen, in dem sie gingen.
Bekamst du stolze Söhne?
Sehen sie dir ähnlich?
Bist du noch derselbe ... reißendes Wasser, das den Lauf ändert?
Du liebst die, die dich auf dem zugigen Marktplatz nicht sehen wird
Oder die, an der Ecke zum Kaufhaus
Du liebst die, die vor den Spiegeln sich auflöst ... und du liest deine Wunde in ihr
In ihrem Spiegel. Liest du noch Bücher?

Mohammad Al-Nabhan

أمازلتَ تَكتُبُ سَرداً -كَحُزنكَ- أجملَ مِنّي
وتَترُكَني عالقًا في شِراكِ القصيدةِ.
/
المَسافةُ أفعى..
وَتِلكَ البلادُ تُرقّط جلدَ المَسافةِ
بالمَوْتِ..
وَالصُدفة المَوْتِ..
وَالمَوْتَ هذا المُفاجئَ..
تَنفثُ أيّامَها/ الصَّهْدَ في وَجهِنا
أو عَلى وُجْهَتَيْنا
البلادُ التي لم تَعُد واحدةً..
البلاذ/ البَلادين.
أُرَتّبُ مَنفاك فيَّ، وَمَنفايَ فيكَ
(كلانا يُقطّرُ مَنفى)
وحينَ تَغيبُ جَنوباً
أسمَيكَ جُرحَ الشَّمال
الشَّمالُ: الجَنوب.

Mohammad Al-Nabhan / Tom Schulz

Wen liest du im Kometennebel, im Spiegel?
Schreibst du noch immer Geschichten – die wie Kummerdisteln – schöner sind als ich
Und lässt mich hängen in den Spinnweben des Gedichts.

Die Entfernung ist eine sich häutende Schlange ...
Dieses Land hier übersät die Entfernungen der Haut mit Geburtenflecken
Bis zum Tod ...
Zufall des Todes, der eine achtstellige Nummer wählt
Tod, dieser plötzliche Schlangenbiss
Giftheißer Wüstenwind weht über die Gesichter
Auf unseren beiden Gesichtern der Richtungen
Die Länder, die sich verzweigen an Ausfahrten
Die Länder, die Länder der Länder
Ich ordne deine Exile in mir, die Briefe, du meine
(Wir beide triefen vor Brackwasser-Exilen)
Und wenn du nach Süden aufbrichst
Nenne ich deine Reise die Wunde des Nordens
Den Norden im Süden den Norden.

Tom Schulz

Paare am Fenster

das Kontinuum Nacht, die Container
wir kamen aus einem Burma
in eckigen Klammern, Schiffe

die sich durch den Garten wälzten
auf dem schwimmenden Estrich, orale
Aureole, getrennte Tonnen, blau für Einsamkeit

Rochenfische, gelb für Geschwüre
auf der Hauptstraßenachse ereignete
sich der Schulmädchensex, wir

hatten nichts übrig an Algen, Moosen
Schattenmorellen, du lagst als Austernbank
vor dem Fenster (Strohblumen)

ich erzählte das Märchen vom Teufel
mit den drei goldenen Haaren:
hinter jeder Bordüre stagnierte der Traum

vom Fliegenfischen, leichter Köder
Jagd ohne Beute, die Stör
Eier mit den Störsendern waren

sechsunddreißig Stunden im ewigen
Eis unterwegs gewesen, Laichplätze
mit Hinterbliebenenanspruch, der Tränen

Schwamm in den Pappmascheewänden
das Weinen, das den Abu Markub
auf die andere Seite des Mondes rief

Tom Schulz / Mohammad Al-Nabhan

أزواج على النافذة

لليل متوالٍ، للحاوية
جئنا من بورما، بين دلالتين
السفن تتدحرج عبر الحديقة على أرضية عائمة
هالة شفهية، صناديق معزولة
الأزرق عزلة
"اللخمة".. والأصفر للقرحة.

على الشارع العام، وقعَ الجنس مع الطالبات
حين لم يبق لدينا خيارٌ عن الطحالب، وطحالب
الكرز المر،
رقدتُ أمام النافذة كحقل محار
(زهور قش)

كنتُ رويتُ لك حكاية الشيطان ذي الشعرات الذهبية الثلاث:
وراء كل حاشية يتجمد الحلم
عن ذبابة صيد السمك، بطعم سهل، وبلا فرائس.

ثمة بيض الحفش، راحلا عبر مشوشات البث
لستٍ وثلاثين ساعة في أبدية الثلج
لأماكن تفريخ، تحفظ حقوق ذوي الراحلين
كإسفنجة دمع في جدران الورق المعجون.

النحيب، الذي نادي "أبو مركوب" إلى
ضفة القمر الأخرى
ينام مع عجائز قهوة الصباح
مع الأم القاطرة، مدهون بالمخاط لتقشير الطوطم
"Then dusk, and someone calls[3]"

Tom Schulz

schlief mit den Kaffeeschwestern
den Mutterfrachtern, gesalbt von jenem
Sputum, Totempeeling

Then dusk, and someone calls
wasch die Hände, putze den Mund
am Hund ab, iss dein Brot aus Spänen

das Immergleiche in den Radio
Gebeten, hörst du mich vor dem Abschied
klimpern, jede Badtür ist schrecklich

Tom Schulz / Mohammad Al-Nabhan

اغسل اليدين، امسح الفم بفروة الكلب
كل خبزك من نشارة الخشب
ثمة الشيء ذاته في "صلوات الراديو"
أولا تسمعني أغمغم قبل الوداع
"كل باب حمّام مفزع"[4]؟

---

[3] من قصيدة "صلوات الراديو" للشاعرة كارول آن دوثي
[4] تناص مع جملة شعرية لرلكه "كل ملاك مفزع".

Tom Schulz

Beschreibung vollkommener Schönheit

zwei Brüste die wie Märchenreiche
schwimmen in einem Meer untergegangener
Katecheten, diesen Himmel habe ich
kuratiert mit einem Kuss, der mir
an einer Straßenecke begegnete oder
in der Hazienda eines Silberblicks oder
die Aufrichtigkeit eines Bienenschwarms
wenn du auf den Plan trittst, deines Munds
der sich gelegentlich öffnet

Heute Ruhetag, geschlossene Gesellschaft
der Leberflecken & ich träume
mich in ein Muttermal zu verwandeln

um dir nah zu sein, deine Vollkommen
Heit beginnt bei den Zehen, denen die
Knöchel geweiht sind, aufwärts

immer mehr, immer mehr Heiligkeit
bis zum Eingang sog. Tempelstätten
dann eine schier endlose Weite

von Oasen ... der Hals, ein Schwanensee
ich möchte ertrinken, zwischen
dem Kalkül & den Himbeersträuchern

nimm mich mit, wenn es Blitzabzeichen
sind, die aufflackern am Revers
dieser Sternenfiliale, Landmine

nimm mich mit, wenn du es
ernst meinst oder sei der Sandregen
& verschütte mich

Tom Schulz / Mohammad Al-Nabhan

وصف الجمال الكامل

ثديان، كمملكتين خرافيتين، يسبحان
في بحر من فقهاء الكاثوليك الغرقى.
هذه السماء، نظمتها بقبلة، قابلتني
عند ناصية الشارع، أو في اقطاعية
نظرة حوراء، أو عفوية سرب نحل
حين تترائين في الساحة،
فمك وهو ينفرج من حين لآخر.

اليوم راحة، حفلٌ مغلق
الشامة، وأنا أحلم أن أصير وحمة
كي أبقى بالقرب منك
كمالك يبدأ من أصابع القدمين
بقدسية الكاحل
إلى الأعلى
بمزيد من القدسية، دائما،
حتى مدخل ما يسمى المعبد
إلى مالا نهاية من واحات،
إلى الرقبة، بحيرة البجع
أريد أن أغرق بين الحسبة
وأغصان التوت الشوكي

خذيني معك، عندما تومض
شارات البرق على طية صدر السترة
لغم أرضي هذا النجم الفرع.

خذيني معك، حين تعنين ذلك حقًا
أو فلتكوني مطرا رمليا،
وانثريني.

Tom Schulz

Vergänglichkeit der Schönheit

der ferneren Nacht, in der Mond
Bälle aufsteigen, während die lebende
Blässe langsam übergeht

in die der toten, Dependancen
aus Vogelrufen & Telepathie, sodass
auf der Haut nichts als Werden

die Körperstellen, die porösen
Partien straffen noch einmal den
Gedankenbogen, zum Ausflug bereit

in eine florierende Wüste, hast du
den Sonnenschirm dabei? es brennt
von oben, ein Loch in die Epidermis

mit der Vergänglichkeitsschleuder
fangen wir Insekten, mit der Zunge
kreisen wir um den Abschiedsmund

ach an diesem Tropf bleiben wir
der Tropfen, beileibe nicht jene
Vollmondabfüllung, so waren

wir einander unstille Gewässer
im Geiste, ausgestattet mit den
Implantaten, das Herz

ein innerer Prozessor, der die
flimmernde Leinwand in Brand
setzt, in den Versackungen

liegen wir wach, und so weiter
Klee wächst, im Schlingern
kleinzelliger Wucherungen

فناء الجمال

لأقصى ليلة
تصعد فيها كريات القمر، فيما الشحوب
الحي يعبر ببطء إلى شحوب الموتى،
أفرع من صيحات الطير، وتوارد الخواطر

ليس ثمة شيء في الجلد سوى التحول
مواضع الجسد، الأجزاء الهشة، تشد
ثانية قوس الأفكار، مستعدة للرحلة
في صحراء وارفة، - هل معك مظلة؟
إنها تحفر ثقبا في البشرة من أعلى

بمقالع الفناء، نصطاد الحشرات،
بألسنتنا، نُحوّم حول فم الوداع

آه، عند مقطر الأوردة هذه
نبقى قطرة، ليست من الماء المقطر
عند اكتمال القمر
هكذا تبادلنا مياها غير ساكنة
في الروح، مزودين بأعضاء زراعية
مشغل داخلي هو القلب، يشعل الحريق
في الشاشة الوامضة، نرقد يقظين
في الحفر، إلخ..

ينمو البرسيم
في اهتزاز أورام صغيرة الخلايا.

Verschmuggel – ein Poesieworkshop und die Frage nach dem Selbst
Mohammad Al-Nabhan (Kuwait)

Die vier Tage des Verschmuggel-Workshops haben mich mit Fragen nach dem Wesen der Dichtung aufgeladen, der Dichtung als einer endlosen Reise in unbekannte Welten. Als Tom Schulz und ich die Neuübersetzung der Texte vereinbarten, kehrte ich in gewisser Weise zur ursprünglichen Textebene zurück, zur Initialzündung, zu jenem poetischen Moment, der der Niederschrift des Textes vorausgeht. Dieses Vorgehen war zugleich verführerisch wie beängstigend, bedeutete es doch, zu einem verborgenen Text im Innersten des geschriebenen vorzustoßen. Aber dass wir uns dessen bewusst waren, verlieh den Texten, an denen wir arbeiteten, neue Dimensionen, die bei einer wörtlichen Übertragung verloren gegangen wären.

Das Reizvollste an dem Projekt aber war, das eigene Selbst im Anderen wiederzufinden. Es war spannend zu erfahren, wie ein Anderer mich in meinem eigenen Gedicht ausdrücken würde. Wie würde er mich aus meiner Sprache in seine Sprache hinüberstehlen, ohne mich zu verlieren? Ist das nicht gleichzeitig Teil einer unendlichen Suche nach dem eigenen Selbst?

Tom Schulz
Über die Ozeane (nach)dichten
(im Augsburger Winter 2010)

Die Gedichte von Mohammed al Nabhan waren mir schon nach der ersten Lektüre nicht sonderlich fremd. Ihre Themenwelt entspricht in vielem meiner eigenen. Die Distanz, die sich aus den unterschiedlichen kulturellen Horizonten ergibt, ermöglichte es mir, »das Fremde« im Prozess der Übertragung für mich in eine Nähe zu verwandeln. So sind mir seine Gedichte auch Vertraute geworden. Die Entfernung zwischen den Sprachen ist in der Geschwindigkeit des Lichts gemessen eher gering. Wer über die Ozeane wandern will, braucht gute Schwimmhäute und -flossen. In einer Boutique für Dichtung warte ich auf den Augenaufschlag einer schönen Kurtisane, die mir diese und andere Sätze abkauft. Oder um es mit meinem Dichter Mohammed al Nabhan zu sagen: *Sie nimmt mich an meinem Hunger in geheime Restaurants ...*

ورشة الشعر.. سؤال الذات

الأيام الأربعة لورشة تهريب أبيات الشعر شحنتني بأسئلة الشعر ذاتها؛ الشعر بما هو سفر لا ينتهي في المجهول. حين عقدنا الصفقة، توم شولتس وأنا، على إعادة ترجمة النصوص عدت بشكل أو بآخر إلى المستوى الأول للنص، إلى الشرارة الأولى، إلى تلك اللحظة الشعرية التي سبقت تدوين النص. هذه الفكرة أغرتني وأخافتني، ربما لأنها تحيل إلى النص الغائب في ثنايا النص المدون، لكن تنبهنا لهذه المسألة أضاف أبعادا جديدة للنصوص التي وضعناها على طاولة الورشة، والتي كان لا بد لها أن تُفقد في الترجمة الحرفية.

الأمر الأكثر إغراء في المشروع هو أن تبحث عن ذاتك في الآخر، كيف سيعبّر عنك هذا الآخر في قصيدتك؟ كيف سيبسرك من لغتك ويبقى عليها، إلى لغته ويبقي عليك. أليس هذا هو، في الوقت نفسه، سؤال البحث اللاينتهي عن الذات؟!

محمد النبهان

توم شولتس، أوغسبورغ، شتاء 2010

(إعادة) كتابة الشعر عبر المحيط

قصائد محمد النبهان لم تكن غريبة عليّ بعد القراءة الأولى. مواضيعها تتطابق مع كثير من مواضيع قصائدي. المسافة الناشئة عن الآفاق الثقافية المتباينة مكّنتني من تحويل "الغريب" إلى قريب أثناء عملية النقل. هكذا غدت قصائده مألوفة لي. الاغتراب بين اللغات ضئيلٌ إذا ما قسناه بسرعة الضوء. من يريد الترحال عبر المحيط بحاجة لجلد سباحة وزعانف جيدة. في أحد بوتيكات الشعر أنتظرُ رمشَ عيون جاريةٍ جميلةٍ تشتري مني هذه الجُمل وغيرها. أو لأقول ذلك بكلمات شاعري محمد النبهان: *تأخذني من جوعي لمطاعم سرّية...*

سير / **Biographien**

Nujoom Al-Ghanem wurde 1962 in Dubai geboren. Dichterin, Regisseurin und Journalistin. Bachelor in TV-Produktion und -Regie (Ohio, USA) und Magister in Filmregie (Australien). Sie ist Vorstandsmitglied der Kommission für Kultur und kulturelles Erbe (Abu Dhabi). Bisher veröffentlichte sie sechs Gedichtbände.
»Nujoom Al-Ghanem schreibt, als würde sie sich ein Leben nach Belieben erfinden. Schon in ihren ersten Gedichten begegnet uns ein nach innen gerichteter Blick und ein Subjekt, das von erdrückender Traurigkeit weggerissen zu werden droht, aber letztlich obsiegt. Mit leiser Stimme kämpft sie gegen die Widrigkeiten des Lebens und um Bedeutung. Ihre Poesie ist eine Poesie der Unruhe. Sie entsteht aus Unruhe, lebt in Unruhe, Unruhe ist ihr Maßstab. Nujoom Al-Ghanem verleiht ihren Gedichten mit der Eleganz des Erduldens den heilenden Segen des Meditativen. Dabei bedient sie sich teils einer knappen, aber nicht knauserigen, teils einer überströmenden, aber nie banalen Sprache. Immer sang sie als Dichterin abseits des Schwarms in einer ruhigen Ecke. Vielleicht will sie damit sagen, dass sie lieber über sich selbst und für sich selbst schreibt, dass sie Gedichte verfasst, die nie zu Ende geschrieben sind.«[1]
Nujoom Al-Ghanem lebt in Dubai.

Nora Bossong wurde 1982 in Bremen geboren. Lyrikerin und Schriftstellerin. Ihre Werke wurden mit verschiedenen Preisen ausgezeichnet.
Von 2001 bis 2005 studierte Nora Bossong am Deutschen Literaturinstitut in Leipzig. Seit 2005 studiert sie Philosophie, Kulturwissenschaft und Komparatistik an der Humboldt-Universität Berlin und an der Universität von Potsdam. Sie hat in verschiedenen Literaturzeitschriften wie z.B. *Stint* (2001) und *Das Gedicht* (2002) und Anthologien wie *Zwischen den Zeilen*, *Bella Triste* und *Jahrbuch der Lyrik* veröffentlicht. 2006 erschien ihr erster Roman *Gegend*, 2007 der Lyrikband *Reglose Jagd* und 2009 ihr zweiter Roman *Webers Protokoll*.
Nora Bossong lebt in Berlin.

Ali Al-Sharqawi wurde 1948 in Bahrain geboren. Dichter, Schriftsteller, Redakteur und Theater- und Kinderbuchautor sowie Mitbegründer einer Theatergruppe. Zahlreiche Buchpublikationen in allen Bereichen der Literatur.

---
1 Aus der Moderation des Dichters Qassim Haddad während der Lesung in Berlin am 1.12.2009

»Ali Al-Sharqawi ist ein produktiver und erfahrener Dichter. Unter den Vertretern der siebziger Jahre ist er in Ausdruck und Form einer der vielseitigsten. In allen literarischen Genres betätigt er sich, und überall bleibt die Kindheit sein roter Faden. Kindliche Freude ist vielen seiner Werke eigen; sie macht sie lesenswert und lädt zu Entdeckungen ein. Al-Sharqawi hat sich einen ganz persönlichen lyrischen Stil bewahrt, den er in allen seinen Schriften aufs Trefflichste einzusetzen weiß. Wenn ich Ali Al-Sharqawi als Weggenossen bezeichne, so meine ich damit sowohl seinen Werdegang als Dichter als auch die Tatsache, dass er eine Gefängniszelle mit mir teilte. Ich betrachte seine Teilnahme an diesem Workshop als Bereicherung, da er seiner Region eine wichtige poetische Stimme gibt.«[2]
Ali Al-Sharqawi lebt in Bahrain.

Gerhard Falkner wurde 1951 geboren. Lyriker, Dramatiker, Essayist und Übersetzer. Träger des Peter-Huchel-Preises 2009 und des Kranichsteiner Literaturpreises und des August-Graf-von-Platen-Preises 2008 für die Novelle *BRUNO*.
Gerhard Falkner ist einer der einflussreichsten und stilprägenden zeitgenössischen deutschen Lyriker. In seiner Dichtung verbinden sich Formwillen, Impulsivität und sprachreflexive Elemente in einzigartiger Weise. Sein erster Gedichtband, *so beginnen am körper die tage*, erregte ein Aufsehen, wie es sich erst zehn Jahre später bei Durs Grünbein wiederholte. Auf die sich daraus ergebenden Möglichkeiten ging der Autor nicht ein. Es folgten u.a. die Bände *wemut* (1989), *X-te Person Einzahl* (1996) und *Gegensprechstadt / Ground Zero* (2005). Nach einem Stipendium am Literarischen Colloquium in Berlin legte Falkner mit dem Band *Berlin – Eisenherzbriefe* (1986) einen der zentralen postmodernen Mischtexte vor. 1998 erscheint von Neil Donahue mit *Voice and Void. The poetry of Gerhard Falkner* die erste große Monographie.
Gerhard Falkner lebt in Weigendorf und Berlin.

Mohammad Al-Domaini wurde 1959 in Saudi-Arabien geboren. Dichter, Autor, Kulturredakteur und Herausgeber zahlreicher Kulturzeitschriften. Seit 1989 veröffentlichte er zwei Gedichtbände.
»Mohammad Al-Domaini ist eine der unaufgeregtesten und unscheinbarsten poetischen Stimmen seines Landes. Zuweilen scheint er gar vergessen. Ihn

---
2   Aus der Moderation des Dichters Qassim Haddad während der Lesung in Berlin am 1.12.2009

ficht das nicht an. Wie Penelope besitzt er Ausdauer, Sorgfalt, Freundlichkeit und tiefe Hoffnung. Dabei wartet er auf niemanden und erwartet nichts, außer zu dichten. Mit der Detailfreude und der Akribie eines Webers fertigt er seine Gedichte. Mit leuchtenden Farben stellt er sie als Wegmarken auf für alle, die nach Dichtung suchen. Mohammad Al-Domaini wirkt, wenn er Gedichte schreibt, wie einer, der einfach nur lebt. Er betrachtet das Leben mit einer Ruhe, die man für Gleichgültigkeit halten könnte. In Wirklichkeit sind nur wenige Dichter so besorgt um die Poesie. Seine Sprache ist wie er selbst. Sie lotet mit ihm das Leben aus. Seine Zeitgenossen, aber auch Dichter der Zukunft werden sich seine Gedichte immer wieder vornehmen.«[3]
Mohammad Al-Domaini lebt in Saudiarabien.

Sylvia Geist wurde 1963 in Berlin geboren. Lyrikerin, freie Schriftstellerin, Redakteurin, Rezensentin, Übersetzerin und Künstlerin sowie Herausgeberin mehrerer Anthologien. Von 1982-89 studierte sie Chemie, Germanistik und Kunstgeschichte an der TU Berlin. Ausgezeichnet mit dem Lyrikpreis Meran 2002 (mit Oswald Egger), einem Stipendium im Künstlerhaus Edenkoben 2006 und der Adolf-Mejstrik-Ehrengabe der Deutschen Schillerstiftung 2008. Sylvia Geists Sprache zeichnet sich durch ein Vermischen der Sprachstile aus, durch ein Nebeneinander von Pathos und Lakonie: die Exaktheit wissenschaftlicher Bezeichnung, das Fahrige der Umgangssprache und nicht zuletzt die extreme Verdichtung poetischen Sprechens. In ihren Gedichten behandelt sie Themen wie die Durchdringung von Wissenschaft und Poesie, den Unterschied zwischen männlicher und weiblicher Wahrnehmung, die Großstadt als Lebensraum und immer wieder die Suche nach dem was bleibt: der Schmerz als Konstante.
Sylvia Geist lebt in der Nähe von Hannover.

Mohamad Al-Harthy wurde 1962 in Oman geboren. Dichter, Autor und Reisender. Träger des Ibn-Batuta-Preises für Reiseliteratur für sein Buch *Auge und Flügel*. Seit 1992 veröffentlichte er vier Gedichtbände.
»Muhamad Al-Harthy gibt seinen Gedichten durch Reisen Glanz. Und wer Omans Geschichte kennt, wird erkennen, dass Al-Harthy damit eine alte omanische Leidenschaft geerbt hat: Seit alters waren die Omanis Seefahrer, Händler und Entdecker. All seinen Schriften, den Gedichten wie den Prosatexten, ist anzumerken, dass Al-Harthy sich den poetischen Details

---

3 Aus der Moderation des Dichters Qassim Haddad während der Lesung in Berlin am 2.12.2009

umso mehr und ausgiebiger zuwendet und umso mehr von Lebensfreude kündet, je weiter er verreist ist. Er selbst behauptet, dem Experimentieren wenig zugeneigt zu sein. Stattdessen wappnet er sich mit einer Leidenschaft für speziell omanische Literaturtraditionen. So wie in Oman die Berge in einem stillen Dialog mit dem Ozean zu stehen scheinen, so öffnet sich dort auch die Poesie den Fragen unserer Zeit.«[4]
Muhamad Al-Harthy lebt in Oman.

Ron Winkler wurde 1973 in Jena geboren. Lyriker und Übersetzer. Er studierte Germanistik und Geschichte und ist Träger des Leonce-und-Lena-Preises der Stadt Darmstadt 2005 sowie des Mondseer Lyrikpreises 2006.
Von ihm erschienen die Gedichtbände *vereinzelt Passanten* (2004), *Fragmentierte Gewässer* (2007) und *Frenetische Stille* (2010). Er ist Herausgeber der Anthologien *Schwerkraft. Junge amerikanische Lyrik* (2007), *Hermetisch offen. Poetiken junger deutschsprachiger AutorInnen* (2008), *Neubuch. Neue junge Lyrik* (2008) und *Die Schönheit ein deutliches Rauschen. Ostseegedichte* (2010).
In der Begründung der Darmstädter Jury heißt es, Winkler gelinge es, »das Naturgedicht ein weiteres Mal zu aktualisieren und als Referenz eines modernen Lebensgefühls nutzbar zu machen«. Seine Gedichte seien dabei »gekennzeichnet von Ironie und Selbstironie, Spiel und Komik sowie immer auch von existenzieller Ernsthaftigkeit.«
Ron Winkler lebt in Berlin.

Mohammad Al-Nabhan wurde 1971 in Kuwait geboren. Dichter, Redakteur und Mitbegründer der Kulturvereinigung *Djudhur* („Wurzeln", Kanada). Erster Preis des Internationalen Poesiefestivals „Nikita Stanescu" (Rumänien). Bisher veröffentlichte er zwei Gedichtbände.
»Muhammad Al-Nabhan gehört zu jener Generation von jungen Dichtern, in deren Anfängen Ehrgeiz und Hindernisse sich die Hand geben und deren Werk von Ironie auf menschlicher Ebene geprägt ist: Weltweite Katastrophen bedrohen ein trautes Zuhause, das ohnehin Trug ist. Al-Nabhan befreit sich zugleich textlich wie örtlich; schon in jungen Jahren wählte er ein freiwilliges Exil, das er nur gegen ein zuvor schon bestehendes inneres austauschen musste. Doch in der Poesie fand er einen unbegrenzten Freiraum, der die Fremdheit des Raumes aufhebt. Seine Gedichte sind eine Suche nach

---
4 Aus der Moderation des Dichters Qassim Haddad während der Lesung in Berlin am 2.12.2009

Bestandteilen eines erträumten Lebens, in dem er sich einrichten will. Sie feiern die Liebe und streben nach ihr.«[5]
Muhammad Al-Nabhan lebt in Kuwait.

Tom Schulz wurde 1970 in der Oberlausitz geboren und wuchs in Ost-Berlin auf. Herausgeber und freier Autor von Lyrik, Prosa und Kritiken sowie Dozent für Kreatives Schreiben u.a. an der Universität Augsburg und Redakteur der Literaturzeitschrift *Lauter Niemand*. Zwischen 1991 und 2001 arbeitete er in verschiedenen Jobs in der Baubranche.
Tom Schulz veröffentlichte sechs Gedichtbände, zuletzt: *Kanon vor dem Verschwinden* (2009). Er gab die Anthologien *Das Berliner, Kölner, Hamburger und Münchener Kneipenbuch* (2006, 2007, 2008 bzw. 2009) mit heraus. Tom Schulz ist außerdem Herausgeber der Anthologie *alles außer Tiernahrung – Neue Politische Gedichte* (2009). Er übersetzte spanischsprachige, englische und niederländische Lyrik u.a. von German Carrasco, Damian Rios, Rocio Ceron, Anna Botero, Kenneth Koch und Jan Willem Anker, die in verschiedenen Anthologien und Einzelbänden veröffentlicht wurden.
Tom Schulz lebt in Augsburg und Berlin.

---

5 Aus der Moderation des Dichters Qassim Haddad während der Lesung in Berlin am 2.12.2009

ولدت **نجوم الغانم** في عام 1962 في دبي. شاعرة ومخرجة وصحفية, حصلت على البكالوريس في الانتاج والاخراج التلفزيوني (اوهايو) وماجستير في الاخراج السينمائي من جامعة غريفت (استراليا) , وهي عضوة مجلس ادارة في هيئة ابو ظبي للثقافة والتراث. صدر لها حتى الان ست مجموعات شعرية.

نجوم الغانم "تكتب كأنها تصوغ حياتها كما يحلو لها. منذ بدأت الشعر كان التحديق في الداخل هو عدستها التي تجعل الذات في مهب حزن جاهز يوشك على الإجهاز على الروح، لكن دون أن ينجح. احتدامها الحياتي خفيض الصوت، يتكفل غالباً باستعادة المعنى يصدر عن قلق، ويعيش في قلق، والقلق ميزانه قبل النص وبعده. استطاعت نجوم الغانم، برشاقة المكابدات، أن تمنح قصيدتها نعمة التأمل علاجاً للقلب باللغة المختزلة دون تقتير والغامرة من غير تبذل. في شعر جيلها ظلت تغني خارج السرب، وفي الركن الهادئ من المشهد. ربما لكي تخبرنا بأنها تكتب نفسها ولنفسها، شعراً يظل قيد العمل."[1]

تعيش نجوم الغانم في دبي.

نورا بوسونغ، ولدت عام 1982 في مدينة بريمن الألمانية. شاعرة وكاتبة. نالت أعمالها الادبية على عدة جوائز.

درست نورا بوسونغ من عام 2001 وحتى 2005 في كلية الآداب الألمانية في ليبتسيغ. وتدرس منذ عام 2005 الفلسفة و علوم الحضارات والأدب المقارن في جامعة هومبولدت (برلين) وجامعة بوتسدام.

نشرت أعمالها في عددٍ من المجلات الأدبية مثل "شتينت" (2001) و"القصيدة"(2002) وكذلك ضمن مجموعات شعرية مختارة مثل "بين السطور" و Bella Triste و"كتاب السنة للشعر". صدرت روايتها الأولى "موضع" عام 2006، وديوانها الشعري "صيد هامد" عام 2007، وروايتها الثانية "محضر فيبر" عام 2009.

تعيش نورا بوسونغ في برلين.

ولد **علي الشرقاوي** في عام 1948 في البحرين. شاعر وكاتب ومحرر ومسرحي وكاتب قصص للاطفال ومن مؤسسي الفرقة المسرحية "أورال". صدر له العديد من الكتب في كل المجالات الادبية. علي الشرقاوي "من بين هذه الرفقة الشعرية الشابة يمكنني القول أن الشرقاوي هو أكثرهم حصيلة في التجربة والكتابة، وهو أيضاً، في شعراء جيل السبعينات أكثر تنوعاً في أشكال التعبير، حيث يجد نفسه مختلف الفنون الكتابية التي تفتح له الأفق، وتظل الطفولة خيطه الجامع والشامل في كل ما يفعل. الطفولة التي ستسهم غالباً في جعل تجربته مرشحة للإمتاع والمكاشفة، بنزق الطفل نفسه. ولقد احتفظ الشرقاوي بغنائيته الخاصة التي كثيراً ما أحسن تشغيلها في عموم كتابته. وعندما أعتبر الشرقاوي رفيق تجربة، فأنني أقصد تماماً أنه كان لسنوات طويلة يسكن معي حانة الشعر وزنزانة

---

[1] نص تقديم الشاعر قاسم حداد لها اثناء إمسية برلين في 1.12.2009

الكتابة، بالمعنى التعبيري والمادي. أعتبر حضوره في تجربة هذه الورشة تنويعا لازماً على مشهد الشعر العربي في هذه المنطقة".[2]

يعيش علي الشرقاوي في البحرين.

ولد **جيرهارد فالكنر** في عام 1951. شاعر ومسرحي وكاتب مقالة ومترجم. حاز على جائزة بيتر هوشل عام 2009 وجائزة كرانشتاينر للأدب عام 2008 وحازت روايته القصيرة "برونو" على جائزة أوغوست غراف فون بلاتن.

جيرهارد فالكنر من أكثر الشعراء الألمان تأثيراً وممن نحتو توجهاً وأسلوباً كتابياً خاصاً. تجتمع في قصيدته إرادة التشكيل والحيوية النابضة وعناصر التفكر باللغة على نحو فريد. ديوانه الشعري الأول "هكذا تبدأ على الجسد الأيام" لفت الانتباه كما لم يحدث إلا بعد عشر سنوات للشاعر دورس غرينباين. إلا أن الشاعر لم يتعامل مع الفرص التي نتجت عن ذلك. نشر بعد ذلك عدة دواوين منها "قنوط" (1989) و"كلّ شخصٍ مفردٌ" (1996) و"جواب مدينة / غراوند زيرو" (2005). بعد حصوله على منحة أديب مقيم في "دار الندوة الأدبية" في برلين أصدر ديوانه "برلين – رسائل قلب الحديد" (1986) الذي ضم نصوصا أساسية مابعد حداثية تتضمن مزيجا من الأجناس الأدبية. وفي عام 1998 أصدر نيل دوناو أول أفرودة (Monographie) مطولة بعمله "صوت وفراغ. قصائد جيرهارد فالكنر".

يعيش جيرهارد فالكنر في فايغندورف وبرلين.

ولد **محمد الدميني** في المملكة العربية السعودية في عام 1959. شاعر وكاتب ومحرر ثقافي. وأشرف على دوريات ثقافية عديدة. ومنذ 1989 صدرت له مجموعتان شعريتان: "أنقاض الغبطة" و"سنابل في منحدر".

محمد الدميني "أحد أكثر الأصوات الشعرية الجديدة رصانة وتوارياً، وأحياناً سيبدو في المشهد الشعري في بلاده شبه منسي. هذا لا يهمه، فهو يصوغ تجربته على طريقة "بنيلوبي"، بدأب، ودقة، ودماثة، وأمل عميق. لكن دون أن ينتظر أحداً، ولا يتوقع شيئاً أكثر من الشعر. تفاصيله في القصيدة تضاهي حائكاً ينسج قصيدته باعتناء ويسهر عليها، حتى إذا ما توهجت ألوانها وضعها في منحدرات الطرق، لكي يستهديِ بها العابرون نحو الشعر. محمد الدميني يشبه شخصاً يكتب قصيدته كما لو أنه يفعل شيئاً آخر، هو الحياة. يرى إلى الحياة بهدوء يوحي بلامبالاة، في حين أنه أكثر الشعراء اكتراثاً وفزعاً على القصيدة، لغته تشبهه وتسبر معه الحياة. الذين كتبوا شعراً مع محمد الدميني وبعده يعودون لقراءته دائماً."[3]

محمد الدميني يعيش في الظهران بالمملكة العربية السعودية.

ولدت **سيلفيا غايست** في برلين في عام 1963. شاعرة و كاتبة ومحررة ومقدمة كتب ومترجمة وفنانة، وقد أصدرت عدة مختارات شعرية. درست الكيمياء والأدب الألماني وتاريخ الفن في جامعة

---

[2] نص تقديم الشاعر قاسم حداد له اثناء إمسية برلين في 1.12.2009
[3] نص تقديم الشاعر قاسم حداد له اثناء إمسية برلين في 2.12.2009

برلين التقنية بين عامي 1982 و1989. حازت على عدة جوائز على أعمالها الشعرية منها على سبيل المثال جائزة ميران للشعر 2002 (بالاشتراك مع أوزفالد إغير)، كما حازت على منحة في دار إدينكوبن للفنانين 2006، ونالت عام 2008 مكافأة أدولف مايستريك التكريمية التي تمنحها مؤسسة شيلر الألمانية.

تتميز نبرتها بالمزج بين الأصناف الأدبية، ومجاورة فرط العاطفة والاقتضاب عبر دقة المصطلح العلمي واللغة العامة الفضفاضة، وليس آخرًا التكثيف الشديد للنص الشعري. تعالج في قصائدها مواضيع عدة كتداخل العلوم بالشعرية، والفرق بين الإدراك الذكوري والإدراك الأنثوي، وتتناول المدن الكبرى بوصفها فضاءً للحياة، والبحث المتكرر عن ما يبقى: الألم هو الثابت.

تعيش سيلفيا غايست بالقرب من هانوفر.

ولد **محمد الحارثي** في عمان في عام 1962. شاعر وكاتب ورحّالة. حائز على جائزة ابن بطوطة للأدب الجغرافي عن كتابه "عين وجناح". صدرت له منذ عام 1992 أربع مجموعات شعرية. محمد الحارثي "يصقل قصيدته بالسفر، ومن يعرف التاريخ العماني سيعرف أن الحارثي يرث عن أحد أجمل مكونات العمانيين الذين اشتهروا بارتياد البحار اكتشافًا وتجارة ومجابهات. وسنجد الحارثي في كتابته، شعرا ونثرًا، كلما أمعن في الرحيل والانتقال تجلى نزوع أكثر نحو شعرية التفاصيل برحابة أكثر واحتفاءً بالحياة. يزعم الحارثي أنه متردد إزاء التجريب فيما يبدو متحصنًا بشغف جديد بتراث بلاده الأدبي. وفي عمان يمكنك أن تصادف جبلًا يحاور المحيط لكن بدون ضجيج، حتى الشعر يمكن أن يبدو هناك منفتحًا على الأسئلة واشكالياتها."[4]

يعيش محمد الحارثي في عمان.

ولد **رون فينكلر** في عام 1973 في مدينة ينا الألمانية. شاعر ومترجم. درس الأدب الألماني والتاريخ. نال رون فينكلر عام 2005 "جائزة ليونس ولينا" التي تمنحها مدينة دارمشتت، و"جائزة موندزير للشعر" عام 2006.

صدرت له الدواوين الشعرية التالية: "فرادى عابرون" (2004) و"مياه متشذرة" (2007) و"سكون مجلل" (2010). أصدر المختارات الأدبية التالية: "الجاذبية. الشعر الأمريكي الشاب" (2007) و"مفتوح بإحكام. قصائد لكاتبات وكتاب شباب باللغة الألمانية" (2008) و"كتاب جديد. شعر شاب جديد" (2008) و"الجمال، حفيف واضح. قصائد بحر البلطيك" (2010).

جاء في كلمة لجنة التحكيم في دارمشتت أن رون فينكلر استطاع "تحديث قصيدة الطبيعة من جديد جاعلًا منها مرجعيةً لإحساسٍ حديثٍ بالحياة". كما أن قصائده "تتميز بروح السخرية والسخرية من الذات، وباللعب والهرج، بينما تلازمها دائمًا جدية وجودية".

يعيش رون فينكلر في برلين.

---

[4] نص تقديم الشاعر قاسم حداد له اثناء إمسية برلين في 2.12.2009

ولد **محمد النبهان** في الكويت في عام 1971. شاعر ومحرر ومن مؤسسي مؤسسة جذور الثقافية (كندا). حائز على الجائزة الاولى لمهرجان الشعر العالمي "نكيتا ستانيسكو" في رومانيا. صدر له ديوانين "غربة أخرى" (2003) و "دمي حجرا على صمت بابك" (2005).

محمد النبهان "من الجيل الجديد الذي بدأ تجربته بطموح وصعوبات يتبادلان الأنخاب. جيل يمكن وصف تجربته الشعرية بأنها بالغة المفارقة على الصعيد الإنساني، حيث الكوارث الكونية التي تجعل بيتاً في مهب الفقد، رغم أنه مفقود أصلاً، ليذهب النبهان إلى حرية النص والمكان في نفس اللحظة، ففي سن مبكرة يخوض تجربة منفى اختيارياً، يكون قد تأسس مسبقا في البيت الأول. غير أن الشاعر سيجد لا في الشعر فسحة لا متناهية لفعل تمحو الغربة. في قصيدته بحث عن تفاصيل حياة مشتهاة ذاهباً لتأثيث الحياة بتافصيله شخصية محتفية بالحب وساعية إليه."[5]

يعيش محمد النبهان في الكويت.

ولد **توم شولتس** في عام 1970 في أوبرلاوزيتس ونشأ وترعرع في برلين الشرقية. ناشر وكاتب للشعر والنثر والنقد الأدبي. كما انه يعمل اليوم أستاذاً للكتابة الإبداعية في جامعة أوغسبورغ، ومحرر للمجلة الأدبية "محض لا أحد". مارس بين عامي 1991 و 2001 مهن متنوعة في مجال البناء. أصدر توم شولتس ستة دواوين شعرية، آخر ها "معيار آيل للاختفاء" (2009)، كما شارك بإصدار المختارات الشعرية التالية: "كتاب حانات برلين" (2006) و "كتاب حانات كولون" (2007) وكتاب حانات هامبورغ" (2008) و "كتاب حانات ميونخ" (2009). علاوة على ذلك أصدر توم شولتس المجموعة الشعرية "كل شيء عدا علف الحيوان – قصائد سياسية جديدة" (2009). وترجم الشعر من الإسبانية والإنجليزية والهولندية للشعراء جيرمان كاراسكو، وداميان ريوس، وروكيو كيرون، وأنا بوتيرو، وكينيث كوخ، ويان فيلم أنكر، نُشرت ضمن مجموعات شعرية ودواوين عدة.

يعيش متنقلاً بين برلين وأوغسبورغ.

---

[5] نص تقديم الشاعر قاسم حداد له اثناء إمسية برلين في 2.12.2009

أصدر توم شولتس ستة دواوين شعرية، آخرها "معيار آيل للاختفاء" (2009)، كما شارك بإصدار المختارات الشعرية التالية: "كتاب حانات برلين" (2006) و"كتاب حانات كولون" (2007) وكتاب حانات هامبورغ" (2008) و"كتاب حانات ميونخ" (2009). علاوة على ذلك أصدر توم شولتس المجموعة الشعرية "كل شيء عدا علف الحيوان – قصائد سياسية جديدة" (2009). وترجم الشعر من الإسبانية والإنجليزية والهولندية للشعراء جيرمان كاراسكو، وداميان ريوس، وروكيو كيرون، وآنا بوتيرو، وكينيث كوخ، ويان فيلم أنكر، نُشرت ضمن مجموعات شعرية ودواوين عدة. يعيش متنقلاً بين برلين وأوغسبورغ.

إشراف / Herausgeber

Aurélie Maurin studierte Literaturwissenschaft und Linguistik in Paris und lebt seit 2000 in Berlin als freie Übersetzerin, Lektorin und Kulturmanagerin. 2001–2004 Dozentin für französische Sprache am Institut Français Berlin, seit 2002 Projektleiterin bei der Literaturwerkstatt Berlin. Pressearbeit, Redaktion und Organisation für verschiedene Autoreninitiativen und Zeitschriften. 2004 Goldschmidt-Stipendium für junge Literaturübersetzer. Seit 2007 Mitherausgeberin der deutsch-französischen Kunst- und Literaturzeitschrift *La mer gelée*.

Douraid Rahhal studierte Theaterwissenschaft in Damaskus (Syrien) und lebt seit 1996 in Berlin. Er arbeitet als Theaterkritiker und Übersetzer, als Dozent für arabische Sprache und Literatur an der Freien Universität Berlin, seit 1999 als Kunstpädagoge sowie seit 2003 als freier Mitarbeiter bei der Literaturwerkstatt Berlin. Er ist der Projektleiter von »VERSschmuggel – eine Karawane der Poesie«.

أوغالي موران

درست علوم الاداب واللغات في جامعة باريس. وتعيش منذ عام 2000 في برلين كمترجمة حرة ومدققة لغوية ومديرة ثقافية. عملت ما بين 2001 ـ 2004 مدرسة للغة الفرنسية في المعهد الفرنسي في برلين. وتعمل منذ 2002 مديرة ثقافية في ورشة الادب برلين. تعمل في مجال الصحافة والتحرير وتنظيم مبادرات مختلفة لكتّاب ومجلات.

حصلت في عام 2004 على منحة غولدشميدت للمترجمين الشباب. وهي منذ عام 2007 واحد من ناشري المجلة الثقافية والفنية الصادرة باللغة الفرنسية و الألمانية "La mer gelée"

دريد رحال

درس الادب والنقد المسرحي في المعهد العالي للفنون المسرحية في دمشق. يعيش منذ عام 1996 في برلين كناقد مسرحي ومترجم. عمل ما بين 2002ـ 2004 كمدرس للغة والادب العربي في الجامعة الحرة في برلين. كما انه يعمل منذ 1999 كمربي فني ومنذ 2003 يعمل بشكل حر في ورشة الادب برلين. يدير حاليا مشروع " تهريب ابيات الشعر ـ قافلة الشعر " في ورشة الادب برلين.

Urheberrechtliche Hinweise

Soweit nicht anders vermerkt, liegen die Rechte bei den Autoren.

Nora Bossong
»Standort«, »Reglose Jagd« und »Geweihe« aus: Reglose Jagd, Hrsg. Heinz Kattner, zu Klampen Verlag, Springe 2007

Gerhard Falkner
»sieben geliebte« aus: Xte Person Einzahl, Suhrkamp Verlag, Frankfurt am Main 1996

Sylvia Geist
»Spin« und »Manara« aus: Vor dem Wetter, Luftschacht Verlag, Wien 2009

Ron Winkler
»Gizeh mon amour«, »Geweiharchiv« und »Fotomahlzeiten« aus: Fragmentierte Gewässer, Berlin Verlag, Berlin 2007

Tom Schulz
»Paare am Fenster« aus: Kanon vor dem Verschwinden, Berlin Verlag, Berlin 2009

حقوق النشر

تعود حقوق نشر العناوين غير الموجودة في القائمة إلى الكاتب نفسه.

نجوم الغانم
"ضلّلْتُ نَفْسي" من كتاب: ملائكة الأشواق البعيدة, المؤسسة العربية للدراسات والنشر, بيروت 2008

محمد الحارثي
"اعتذار للفجر" و" كلمات صاحب الحانة المُقترحة على حافة الصحراء" و"لعبة لا تُمَلْ" من كتاب: لعبة لا تمل, منشورات الجمل, كولونيا 2005

www.wunderhorn.de
www.airpbooks.com